ANGELA ORAMAS CAMERO

CORAZONES CANARIOS CUBANOS

EDITORIAL LETRA VIVA
CORAL GABLES, LA FLORIDA

251 Valencia Avcenue, # 253, Coral Gables FL 33114
Cover by: Lissette Leivas

ISBN: 0-9762070-5-2
ISBN-13: 978-0976207054

Printed in the United States of America

Los isleños en Cuba
Nota de la Autora

Este libro nació en mi alma inspirado por el Apóstol José Martí, quien en conceptual crónica publicada en el periódico Patria, su pluma definió y dejó constancia para todos los tiempos, con una claridad y solidez argumental desconocida en aquel entonces, de los padecimientos de los isleños en sus islas natales y de la actitud y el valeroso papel que desempeñaron cuando devinieron inmigrantes en tierras de América, y de modo particular en Cuba.

Oprimidos como nosotros, los isleños nos aman. Nosotros agradecidos, los amamos. Con tales ideas, todo un símbolo de la forja de la comunidad de intereses, sentimientos y aspiraciones de canarios y cubanos desde los días en que los gobernantes de la España colonial ejercieron su dominio, tanto en las islas Canarias como en Cuba, José Martí cerró su hermosa y emotiva crónica.

Y es, por ello, que considero un acto de justicia y respeto a la memoria histórica de ambos pueblos colocar en las páginas iniciales, textualmente, lo escrito por Martí en Patria cuando este periódico, nacido para amar y servir a la independencia de Cuba y Puerto Rico, solo llevaba poco más de cinco meses editándose en la ciudad de Nueva York. He aquí el artículo de Martí:

Los isleños en Cuba

Allá, hace años, no había en el presidio de la Habana penado más rebelde, ni más criollo, que un bravo canario, Ignacio Montesinos. Toda la ira del país le chispeaba en aquellos ojos verdes. Echaba a rodar las piedras, como si echase a rodar la dominación española. Se asomaba, al borde de la cantera, a verla caer. Servía mucho, hablaba poco, dio opio a los guardias, y huyó libre. Y ahora, veinte años después, aquel noble isleño, coronado de canas, escribe, desde un momento de Santo Domingo, que es como el de antes su corazón; que no se ha cansado de amar al país; que el padecimiento y la ruina, que le cayeron por él, se lo hacen amar más, que allá está, suspirando, por prestar a Cuba algún servicio. ¿Quién, mejor que este isleño, podrá llamarse cubano?

Ni es raro que el hijo de las Canarias, mal gobernado por el español, ame y procure en las colonias de España la independencia que por razón de cercanía, variedad de orígenes, y falta de fin bastante, no intenta en sus islas propias. Mísera viven, sin el regalo y alegría con que pudieran, las poéticas Canarias; y no cría bajo español aquella volcánica naturaleza más que campesinos que no tienen donde emplear su fuerza y honradez, y un melancólico señorío, que prefiere las mansas costumbres de su terruño a la mendicidad y zozobras de la ingrata corte. ¿Qué ha de hacer, cuando ve mundo libre, un isleño que padece del dolor de hombre, que no tiene en su tierra nativa donde alzar la cabeza, ni donde tender los brazos?

Del bien raíz suele enamorarse el hombre que ha nacido en la angustia del pan, y cultivó desde niño con sus manos la mazorca que le había de entretener el hambre robusta; por lo que ha salido el isleño común, mientras no se le despierta su propia idea confusa de libertad, atacar, más que auxiliar, a los hijos de América, en quienes el gobernante astuto los pintaba el enemigo de su bien raíz. Pero no hay valla al valor del isleño, ni a su fidelidad, ni a su constancia, cuando siente en su misma persona, o en la de los que ama, maltratada la justicia o que ama sordamente, o cuando le llena de cólera noble la quietud de sus paisanos. ¿Quién que peleó en Cuba, dondequiera que pelease, no recuerda a un héroe isleño? ¿Quién, de paso por las islas, no ha oído con tristeza la confesión de aquella juventud melancólica? Oprimidos como nosotros, los isleños nos aman. Nosotros agradecidos, los amamos. Pronto va a tener Montesinos la ocasión suspirada de servir a Cuba.

Patria, 27 de agosto de 1892

A mi adorado padre, Sotero Oramas Fleitas
A mis cinco hermanos Nelson, Pepe, Yolanda,
Humberto y Gregorio.
A mis hijas y nietos Yaíma, Yoana, Ana Sofía y
Eduardo

A la memoria de todas las canarias y
canarios cubanos

AGRADECIMIENTOS

Agradezco profundamente las colaboraciones con diversos materiales de consulta y otras contribuciones a Gloria Esplugas Valdés, Dra. Carmen Almodóvar, Dra. Juana Estrada, Manolo Bedoya, Andrea Gutiérrez Rodríguez, Juan Marrero González, Lic. Pedro González Munné, Dr. Ángel Pérez Herreros y en especial a Lissette Leivas por el hermoso y emotivo diseño en la cubierta de este libro.

El exordio

De las gentes de ocho islas, Cuba e Islas Canarias, asombrosamente bellas y atractivas para facilitar la navegación de barcos españoles y las emigraciones durante varios siglos, trata este libro abierto en **Corazones canarios cubanos** oriundos de las aguas bravas del Caribe o de los vientos alisios del Atlántico.

Libro que dedico a mi padre y ancestros canarios del frondoso árbol genealógico de los Oramas avecindados en Bejucal, Santiago de las Vegas, Guara, La Salud, Buenaventura y Güines desde los años fundacionales de estos pueblos, así como a todos los isleños y sus descendientes con otros apellidos que aman tanto a Cuba como a las siete islas natales.

A la entrada del tercer milenio y del siglo XXI, todavía residen en Cuba unos 600 canarios, alrededor de 36 mil hijos y unos 74 mil nietos, distribuidos a lo largo y ancho del país. La mayor parte de los naturales isleños son hijos de Tenerife, Gran Canaria y La Palma.

Cuba, la tierra más hermosa que ojos humanos han visto según el descubridor europeo Cristóbal Colón, es la isla más grande del archipiélago cubano. El Almirante la llamó Juana en honor a dos hijos de los Reyes Católicos: Juan, nacido en 1478 y Juana en 1479 (la futura reina Juana la Loca), cambiado a Fernandina en 1515 por el capricho del monarca Fernando. Sin embargo, prevaleció el nombre dado por los aborígenes, Cuba.

La figura de la Isla semeja un gran caimán verde esmeralda tendido sobre el mar Caribe o mar de Las Antillas, mide unos 1 200 km de largo y su anchura mayor es de 190 Km., mientras la más estrecha es de 32 km. Se encuentra en la zona tórrida del planeta y próxima al Trópico de Cáncer. Desde mediado del siglo XVI y hasta finales del XVII fue reconocida *Llave del Nuevo* Mundo y *Antemural de las Indias*. Y como Cuba se halla a la entrada del Golfo de México, continúa denominada *Llave del Golfo* y *Perla de las Antillas*.

El territorio cubano hoy lo componen 15 provincias: Pinar del Río, La Habana, Mayabaque, Artemisa, Matanzas, Cienfuegos, Villa Clara, Sancti Spíritus, Ciego de Ávila, Camagüey, Las Tunas, Holguín, Granma, Santiago de Cuba y Guantánamo. Sus habitantes en conjunto suman unos 11 millones 200 mil, y esta isla caribeña tiene diez ciudades habitadas por alrededor de 100 mil personas. Mientras sondeos de censos indican que en ella viven hoy miles de canarios y descendientes (cifras específicas ya mencionadas), de ellos más de 40 mil integran la Asociación Canaria de Cuba *Leonor Pérez Cabrera* con 106 órganos de base.

Por su lado, hoy Canarias es uno de los importantes destinos turísticos de España, visitada anualmente por alrededor de 12 millones de personas, en particular por ingleses, españoles de diferentes regiones y alemanes, y según datos de la Gran Enciclopedia Virtual Islas Canarias, el censo del primero de enero de 2011 muestra que su población es de 2.126. 769 habitantes, por lo cual se ubica en la octava Comunidad Autónoma de España en población. Dos islas, Tenerife y Gran Canaria, concentran el mayor número de habitantes, respectivamente el 43% y el 40%. La capital de esta comunidad autónoma es compartida entre las ciudades de Las Palmas de Gran Canaria y Santa Cruz de Tenerife. El Estatuto de Autonomía lo obtuvo el 30 de diciembre de 1996, mientras su fiesta oficial, Día de Canarias, es el 30 de mayo.

¿Qué es Canarias? Es un archipiélago del Atlántico frente a la costa noroeste de África con la extensión total de 7.447 km², próxima al desierto de Sahara y del Trópico de Cáncer, conformado por siete islas de origen volcánico, y que forma parte de las diecisietes comunidades autónomas de la ultraperiférica de la Unión Europea. El clima de Canarias es subtropical que varía localmente de acuerdo con la altitud y la vertiente norte o sur, lo cual favorece la gran diversidad biológica y ello, unido a la belleza paisajística y geológica, contribuye a la existencia de cuatro parques nacionales, en tanto cuatro islas son reservas de la biosfera de la UNESCO y otras están declaradas Patrimonio de la Humanidad.

El mapa de Canarias revela la ubicación de las siete islas en el Atlántico de oeste a este con los nombres: El Hierro, La Palma, La Gomera, Tenerife, Gran Canaria, Fuerteventura y Lanzarote. En la antigüedad, ellas fueron llamadas Las Afortunadas o Las Hespérides. El nombre de Las Afortunadas, o de La Bendición, se asocia con las leyendas clásicas y célticas del maravilloso paraíso en el que los mortales, dignos del sagrado sitio, eran recibidos por los dioses.

Por otro lado, en la mitología griega Las Hespérides tiene el significado de hijas del atardecer, dado a las ninfas que cuidaban el jardín encantado de un lejano rincón del occidente; quizás en las montañas de Arcadia en Grecia, cerca de la cordillera del Atlas en Marruecos, o en una distante isla del borde del océano. En las memorias de Plinio el Viejo se reconoce que fue el rey Juba II de Maritanias quien le dio el nombre de Las Afortunadas, cuando visitó las islas en el año 40 a.c. En esta obra antigua, Plinio utiliza el término canarii (del latín canis, canes), con relación a Gran Canaria en la que halló perros de poco tamaño.

Mientras que fue en la isla de Tenerife donde nació el término guanche, de la voz bereber que viene del árabe berber, dado al natural de la raza blanca en Berbería, región norte de África. Los nativos de la isla se distinguían por una estatura alta, de piel blanca y ojos color azul pálido o gris-azul. Con el paso del tiempo, el gentilito guanche se aplicó a todos los pobladores del Archipiélago Canario.

La primitiva cultura guanche se caracterizó por la actividad principal del pastoreo. También los aborígenes se dedicaron a la agricultura, la recolección de frutas y bayas, la pesca, el marisqueo de orilla y la artesanía. Vivían en cuevas o en tubos volcánicos, así como en refugios de piedra y cabañas (casas hondas), ubicadas en lugares de orografía poco benefactora, así como en las pequeñas viviendas de piedra de los poblados.

Las crónicas de los primeros europeos llegados a Canarias refieren que los guanches habían perdido por completo los conocimientos sobre navegación, de modo que durante siglos las siete islas permanecieron incomunicadas. La falta de conexión provocó que cada una desarrollara modos culturales diferentes. Por tales circunstancias, a los antiguos habitantes de la isla Gran Canaria se les denominó canarii o canarios; a los de La Gomera, gomeros o gomeritas; a los de Fuerteventura y a los de Lanzarote, maxos o majos (castellanizado como majoreros); bimbaches a los de El Hierro y benahoaritas a los de La Palma.

Un resumen de historia canaria, divulgada en Internet por Antonio Pérez García, profesor de Ciencias Sociales, se platea que hacia 1496, con la culminación de la conquista de Tenerife, la última isla en ser sometida, se integra el Archipiélago Canario en la Corona de Castilla, cuyo proceso conquistador no siempre siguió las mismas pautas, pues dependieron en cada momento de las pretensiones de los conquistadores y de las actitudes de los aborígenes.

Este autor llama la atención de la existencia de "situaciones de conquista más o menos pacífica (Jean de Bethencourt en Lanzarote), a operaciones de auténtico genocidio (Diego de Herrera en La Gomera). La actitud de los aborígenes -señala también- ofrecerá diferencias, de tal manera que junto al colaboracionismo de Fernando Guanarteme en Gran Canaria, o los llamados laquo-bandos de paces-raquo; o menceyatos que se someten pacíficamente en Tenerife, nos encontraremos la resistencia a ultranza de los demás (Doramas en Gran Canaria, los laquo-bandos de guerra-raquo; en Tenerife, Tanausú y los suyos en La Palma, etc.). Incluso, nos hallaremos a cuerpos de tropas aborígenes que colaboran con los conquistadores para acabar con los focos de resistencia. En este sentido, habría que señalar el papel jugado por guerreros gomeros reclutados por los castellanos en la conquista de Gran Canaria y, posteriormente, en la de Tenerife".

Pincelada de historia pasada destaca que los Reyes Católicos iniciaron la conquista de Cuba en 1510, entretanto la de Islas Canarias tuvo lugar entre 1402 y 1496, cuyo proceso comenzó por Rubicón, Lanzarote. Fue un largo período de resistencia y rebeldía de los nativos hasta la rendición de Santa Cruz de Tenerife, donde en la primera batalla presuntamente murieron 1 700 guanches y en la segunda, comienzos de diciembre de 1495, ya fueron vencidos los tinerfeños.

De acuerdo con datos e hipótesis tomados de Wikipedia: La Enciclopedia Libre, se estima que antes de la conquista los habitantes de las siete islas sumaban alrededor de 70 mil, con mayoría ubicada en Tenerife y Gran Canarias. Asimismo, estudios igualmente imprecisos, por falta de un censo científico, apuntan que en el momento de la conquista había entre 35.000 y 40.000 aborígenes en Gran Canaria, en Tenerife sumaban entre 30.000 y 35.000, en La Palma se calculan 4.000, en La Gomera se estiman 2.000, en El Hierro unos 1.000 y entre Fuerteventura y Lanzarote sumaban alrededor de 900. Tras la conquista, un triste relato revela que decenas de guanches fueron vendidos como esclavos, otros escaparon o se trasladaron a la isla del can, Gran Canaria, y muchos fueron sometidos a la cruenta pobreza.

La aludida fuente advierte que luego de la conquista en Gran Canaria se aprecian dos fases diferenciadas marcadas por un crecimiento inicial y luego por un estancamiento poblacional para la segunda mitad del siglo XVI. A principios de siglo vivían menos de tres mil habitantes en esta isla, población que aumentará hasta las ocho mil personas en torno a 1550, este crecimiento debe agradecerse a la inmigración desde la Península (tanto Portugal como Castilla) así como a las importaciones de esclavos desde África y por supuesto al crecimiento natural, todo ello al amparo de la expansión de la economía azucarera.

A mediados del siglo XVI, la población del conjunto de Canarias no superaba los treinta y cinco mil habitantes. Esta población se concentraba fundamentalmente en Gran Canaria y Tenerife. En esta última, se supone que unos dos mil quinientos eran descendientes de los antiguos guanches y aborígenes de otras islas, entre quienes figuraron: grancanarios, gomeros, y esclavos africanos (tanto berberiscos como negros), y el resto eran portugueses y castellanos. Existían, además, grupos de genoveses, flamencos, franceses, judíos, gallegos, etc. A finales de aquel siglo la población canaria ascendía a algo más de veinte mil habitantes.

Las causas de este estancamiento y luego retroceso fueron las destructivas invasiones piráticas de los años 90, las epidemias, las malas cosechas y la emigración causada por la crisis económica desencadenada con el fin del ciclo azucarero. Las Islas Canarias son de naturaleza volcánica y muestran todas las cumbres con conos, algunos todavía se encuentran calientes con motivo de recientes erupciones. En Tenerife la erupción de un volcán originó el famoso Pico Teide, con 3 718 m de altitud, que es la máxima altura de toda España. Al Teide le dedicó la poetisa cubana Dulce María Loynaz letras de bellísima impresión:

> *Pese al fantasma de una catástrofe que ronda siempre la cercanía de un cráter, yo tengo para mí que las demás islas circundantes envidian a Nivaria su hermoso Teide, el rey sin reino de la Atlántida, el Señor del Archipiélago, que ha querido, entre todas ceñirle su diadema.*

Dulce María sugiere que el Teide fue para los antiguos navegantes montaña de fuego y faro de vigía:

> *Y el Teide sobre todo, y siempre el mismo: Antorcha de Colón, eclipse del Almirante Nelson. El Teide con las siete vírgenes, y cada virgen con su isla con un nenúfar en la mano.*

Como es de suponer, a partir de finales del siglo XVI la historia del Archipiélago Canario fue condicionada por la colonización, y a los nuevos pobladores: gallegos, castellanos, andaluces y aragoneses se les entregaron tierras y la posibilidad del comercio con el Nuevo Mundo. A ellos les siguieron los portugueses, genoveses y flamencos que desarrollaron la explotación y comercialización del azúcar, el primer cultivo de exportación canario de la época y generador de grandes fortunas al ocupar los mercados internacionales.

También fueron llevados a las islas más esclavos moriscos y africanos, para que trabajaran en las plantaciones de la dulce gramínea y los ingenios, o en el servicio doméstico. Por último, arribaron ingleses e irlandeses atraídos por la producción y exportación del vino, el cual en la segunda mitad del siglo XVI sustituyó la importancia económica de la caña de azúcar. [1]

Y no cae en el olvido que en la condición de expertos guías, los canarios participaron en la conquista y colonización del Nuevo Mundo. Entre 1492 y 1506 al menos 12 de las mayores expediciones hacen escala en La Gomera o Tenerife y entre estas figuran las de Colón, Ojeda, Vespuccio, Pedrarias, La Cosa, Yáñez u Ovando. Una Real Orden de 1511 especifica que los canarios partían solamente con la autorización del capitán del navío. Por consiguiente el traslado se efectuaba sin los severos controles del monopolio sevillano.

Una hipótesis señala que la primera visita de isleños a Cuba se remonta al llamado descubrimiento del Nuevo Mundo, cuando por la obligada escala del almirante Colón en Canarias, con sus tres carabelas La Pinta, La Niña y La Santa María, quizás escogió por la fortaleza física a 6 guanches que sirvieran de remeros. De comprobarse el asunto, los canarios estarían entre los primeros de Europa que pisaron tierra cubana por el oriente, en la noche del 27 de octubre de 1492.

---

(1) Antonio Pérez García, profesor de Ciencias Sociales. Síntesis de Historia Canaria. www.gpbiernocanarias.org/.../ culturacanaria/historia/ / historia.htm

Sobre el mismo tema, Viera y Clavijo en el tomo II de Noticias de la Historia general de Canarias, editado en Madrid en 1773, comenta: Por la estratégica posición geográfica que tienen las siete islas en el Atlántico, ellas "fueron fuentes de hombres para la gran tarea del descubrimiento y conquista de las tierras americanas, y luego en su poblado y desarrollo económico, cultural y político. Tales características se manifestaron desde los primeros viajes de Colón, ya que en varias expediciones parte de La Gomera, y en esa isla aprovisionaba habitualmente sus naves y recogía isleños para nutrir su equipaje (tripulación), quedando así evidenciado de que ya en esa época fueron isleños al descubrimiento y conquista del Nuevo Mundo".

En el siglo XVI Santo Domingo primero y La Habana son los principales destinos de los isleños. Un motivo que también facilitó de forma lenta en estas tierras americanas el desarrollo del movimiento migratorio de comerciantes y agricultores.

Manuel Hernández González, profesor titular de Historia de América en la Universidad de La Laguna, asegura que plantas asiáticas como la caña de azúcar y la platanera desde Canarias fueron llevadas al Nuevo Mundo, además de técnicos isleños que trabajaron en el primer ingenio de Santo Domingo. Por tal modo, el ñame africano penetró desde bien pronto en el ámbito caribeño, y lo mismo ocurrió con el cerdo, la cabra, el perro y la oveja, que, conducidos desde Canarias, se distribuyeron por las Antillas. De ahí que las Islas Canarias fueron un intermediario excelente en la difusión de plantas y animales en ambos lados del océano. Se toma otro ejemplo: la papa de las tierras americanas, aclimatada rápidamente en Europa, la que en 1567 ya era enviada a Flandes. Junto con la papa, el millo transformó la agricultura isleña y ambos alimentos devinieron en monarcas de la mesa de la clase pobre. [2]

Por la suerte de la estratégica posición geográfica de Canarias, en varias de sus islas se reabastecían los barcos en tránsito, así como en escala y en paso obligado del sistema de flota de la Corona de España: Nueva España (México) y Tierra Firme (Suramérica), destinadas a la denominada ruta de Carreras de Indias.

A partir de la primera década del siglo XVII en el puerto de Carenas de La Habana se reunían tales convoyes cargados con los tesoros para luego partir en grupo de no menos de diez barcos, con lo cual se evitó el asalto de los piratas a naves españolas que navegaran en solitario. Estos hechos originaron que fuera La Habana la ciudad más populosa en ese período colonial, donde residía el 46 por ciento de la población total de la Isla.

En La Habana entre 1560 y 1610 aumentó a 3,000 el número de comerciantes españoles. En la memoria habanera del siglo XVI datan los nombres de mercaderes isleños, entre quienes figuraron Blas Lorenzo; Alonso Martín, Francisco Díaz Pimienta, Juan Ruiz, Francisco Salgado, Juan de la Nava o de la Naba Fuentes, Francisco Cortés de

---

(2) Manuel Hernández González. Profesor titular de Historia de América. Universidad de La Laguna. Párrafo segundo del artículo: La Emigración canaria a América, publicado en Internet: www.gobiernodecanarias.org/.../culturacanaria/.../la _ emigración

los Ríos, Felipe Agaya y Diego López Gordillo. [3]

En 1620, la capital cubana ofreció la mayor tasa de crecimiento poblacional de América, debido al alto movimiento inmigratorio español y sobre todo a las operaciones que numerosos comerciantes realizaban en el puerto. Con certeza se conoce una significativa presencia canaria en Cuba a partir de la colonización y más aún cuando el monarca de España estableció El Tributo de Sangre (1678-1764) para la activación continúa de familias canarias con miras a poblar los territorios conquistados de Cuba y Puerto Rico. Por el llamado Tributo de Sangre a Cuba fueran enviadas 5 familias por cada 100 toneladas de mercancías que se exportaran.

El mencionado asunto contribuyó que entre las diferentes etnias que acrisolan el mosaico criollo cubano, existe un fuerte componente de genes canarios. Los orígenes datan también de historias amorosas que surgieron durante aquel período fundacional de las villas cubanas, de cuando decenas de parejas tuvieron hijos con aires criollos.

Así, los nacidos en tierra cubana, de tipo social diferente a sus progenitores indios, españoles, africanos y chinos entre otros, tuvieron perfiles culturales y espirituales en correspondencia con el medio natural donde crecieron, sin mucho nexo emocional con la tierra de origen de los padres. Vale aclarar que la palabra criollo en el argot del buen cubano significa pollo criado en casa, y de este modo al nacido en el patio cubano se le diferenciaba

---

(3) Olivia A. Cano Castro. Canarias en el espíritu de Cuba. Editado por Grupo de Comunicación de Galicia en El Mundo. S. A. Vigo, España-2008. Páginas 15 y 16.

así del individuo que venía de otro lugar, por ejemplo al español que se le denominó peninsular. [4]

Era ya el tiempo en que los criollos llaman patrias locales a las ciudades donde nacían, como La Habana, Bayamo y Santiago de Cuba. En la *patria* de Bayamo, criollos y canarios del comercio defendieron sus intereses, afectados por el absolutismo político del Consejo de Indias y el monopolio comercial de la Casa de Contratación de Sevilla. Aquellos pobladores se vincularon con las rutas del contrabando de los bucaneros, como opción para desarrollar el libre comercio sin reglas ni leyes. [5]

Para combatir el contrabando de Bayamo, en lo que secretamente se involucró la iglesia, el Capitán General de la Isla envió a esta villa una tropa en 1603.

Pero la tropa fue obligada a regresar a la capital ante la resistencia de los comerciantes y la misión fue asumida por el obispo de Cuba, Juan de las Cabezas Altamirano, a quien en represalia rapto el bucanero Girón. Bayameses y canarios organizaron el rescate del Obispo y dieron muerte al bucanero. Poco después y a petición de Altamirano, el poeta isleño Silvestre de Balboa Troya y Quesada, residente en Puerto Príncipe donde era escribano, hizo el poema *Espejo de Paciencia*, con lo cual legó a Cuba la primera pieza literaria de la cultura criolla.

Otro dato curioso muestra a doña Isabel de Bobadilla, también llamada Inés, e hija del conde de la

---

(4) Eduardo Torres-Cuevas. Historia de Cuba 1492-1898. Editorial Pueblo y Educación, 2001. La Habana. Ref. página 85.
(5) Eduardo Torres-Cuevas. Historia de Cuba 1492-1898. Editorial Pueblo y Educación, 2001. La Habana. Referencias en las páginas 86 y 87.

Gomera -cuyo vínculo sanguíneo no significa que ella fuera canaria-, como la única mujer que gobernó en la Cuba colonial, con motivo de que el esposo, el Adelantado Hernando de Soto, Gobernador de la Isla en 1538, zarpó del puerto habanero rumbo a la conquista de la Florida y en busca de la Fuente de la Juventud.

Precisamente, por estar casado con Isabel de Bobadilla, De Soto tenía grandes influencias en la corte española y por ello fue el primero nombrado en Cuba con el título de Gobernador. En 1539 partió de La Habana y dejó a su esposa como Teniente Gobernadora. De Soto encontró la muerte en la selva del Mississippi en 1542. Mientras, Isabel de Bobadilla ejerció el gobierno interino de Cuba, entre 1539 y 1544, período durante el cual, desde la primera y endeble fortaleza de La Habana, ella oteaba el horizonte marino por donde esperaba el regreso del amado.

Un hecho que más tarde dio lugar al nacimiento de la leyenda del fantasma femenino que aparecía en lo alto del castillo de la Real Fuerza o vagando por el litoral. Veinte años después, la fábula tomó relieve cuando sobre la mencionada fortaleza fue colocada una veleta de los vientos y la gente pensó que la estatuilla perpetuaba la memoria de la gobernadora, cuando en realidad se trataba de la réplica de la Giralda de Sevilla. Pasó el tiempo, y hoy esa figura femenina de bronce es uno de los más importantes emblemas de La Habana y recorre el mundo en etiquetas del ron cubano y otras mercancías de *souvenir.*

Cierto es que uno de los primeros españoles en aprender el cultivo del tabaco con los aborígenes de La Habana fue el canario Demetrio Pola [6], y que desde el siglo XVI (1541) los emigrados isleños ganaron la fama de excelentes vegueros y las credenciales de personas muy laboriosas y honradas. Además, no es posible escribir la historia de las luchas de los vegueros en defensa de los derechos como trabajadores y en protesta por los abusos del gobierno español, sin mencionar el papel protagónico de los canarios en el primer levantamiento campesino ocurrido en Cuba, donde algunos derramaron sangre y otros fueron ahorcados.

Los canarios residentes en Cuba durante la colonia y después en la República fundaron asociaciones y liceos, mientras contribuían al aumento poblacional. De acuerdo con las cifras de los censos, en el pueblo cubano existe un fuerte componente de estirpe canaria que ha enriquecido costumbres y manifestaciones culturales como la música campesina, la literatura y la culinaria.

A Cuba, los isleños trajeron la fe en las vírgenes de la Candelaria y Rosario, mientras fundaban pueblos como Jesús del Monte, Santiago de las Vegas, El Calvario, Bejucal, Güines, Jaruco, Matanzas, Camajuaní, Placetas, Santo Domingo y Nuevitas, entre otros. Aquellos pobladores isleños, en mayoría pobres, regaban con sudor los surcos de las plantas de tabaco y caña de azúcar.

La historia de Cuba inscribe el aporte de cientos de canarios en las guerras por la independencia de

(6) Gaspar Jorge García Galló. Bibliografía del Tabaco Habano, p 57. Ed. Comisión Nacional del Tabaco Habano, La Habana, 1961.

Cuba. La primera, entre 1868-1878, la inicia el descendiente de isleño por vía materna, Carlos Manuel de Céspedes López del Castillo, a quien los cubanos distinguimos como el Padre de la Patria, y en 1895 José Martí Pérez, hijo de la tinerfeña Leonor Pérez Cabrera, pone en marcha la Guerra Necesaria.

Cuatro canarios alcanzaron el grado de general en el Ejército de Libertador de Cuba, sus nombres se leen en una tarja colocada en la calle Lamparillas esquina a Mercaderes, Habana Vieja. Y, durante el período neocolonial, 1902-1959, los emigrados canarios también participaron destacadamente en las esferas social, cultural, política y económica, No pocos derramaron la sangre en aras del bienestar de Cuba, hasta el triunfo de la Revolución el primero de enero de 1959.

Los temas esbozados en este ensayo, matizado por elementos de la crónica, alcanzarán mayor amplitud en las siguientes páginas, donde inserto breves vivencias que me brindaron canarios asentados en Cuba a mediados y finales del siglo XX, e incluyo fragmentos de poesías con la firma de poetas isleños y descendientes de estos, además de estrofas tomadas del libro IX Juegos Florales de la Asociación Canaria de Cuba que sirven de colofón a cada asunto.

Cierro el libro con un resumen sobre la historia de la Asociación Canaria *Leonor Pérez Cabrera* fundada en 1992 , seguido por los testimonios de isleños e isleñas asociados a la mencionada institución, a quienes agradezco con admiración y profundo respeto las revelaciones de sus historias transidas de amor por Cuba y Canarias.

La autora

ÍNDICE

ME VOY PARA CUBA

LA ALBORADA

No hay acontecimiento social, histórico y cultural en Cuba donde no figuren los hijos de Canarias con páginas jalonadas de humildad, honradez y heroísmo.

Para muchos, nunca hubo un lecho de rosas. Los oriundos de Canarias han grabado en el alma de la nación cubana su fuerte impronta de vigor, espiritualidad, ingenio, honestidad, virtud y rebeldía, que se hizo más evidente cuando en la isla caribeña echaron las raíces y fructificó el árbol genealógico con ramas de esta tierra. Numerosos criollos llevarían en sus venas la sangre canaria heredada de los padres o madres emigrados.

En la alborada de la colonización del Nuevo Mundo, un elevado por ciento de la emigración canaria respondió a necesidades estratégicas de la Corona de España en virtud de consolidar sus posesiones en América, amenazadas por ingleses, franceses y portugueses.

El Rey circunscribió el comercio insular canario con el Nuevo Mundo con el envió de familias con miras a que poblaran sus colonias americanas e intercambio de productos. Cada familia era embarcada junto con 100 toneladas de mercancías hacia Cuba y Puerto Rico, donde recibirían tierras otorgadas por las respectivas autoridades españolas. Desde entonces, América comenzó a recibir cupos reglamentados de vino y sangre de isleños.

El historiador e investigador cubano Julio Le Riverend resalta que el vasto comercio y gran arribo de emigrantes canarios a Cuba representó un hito colosal en el desarrollo de esta colonia de España, especialmente entre los siglos XVI y XVII. [7] Y los campos cubanos fueron poblados por los isleños, razón por la cual el guajiro de hoy se parezca tanto en costumbres y manera de ser a los hijos de Las Afortunadas, pues muchos llevan sangre de los ancestros canarios; juntos trabajaron la tierra en medio de canturías y décimas hasta legar la esencia vigorosa al Punto Cubano.

A la campiña cubana los isleños trajeron su peculiar comunicación, el silbido. Su uso todavía es cotidiano en Sancti Spíritus, Pinar del Río u Holguín entre otras regiones, como medio eficaz de expresión del campesinado mientras ara la tierra con una yunta de bueyes. El silbido también fue extendido por las ciudades, interpretado por cada quien con entonación especial para ser distinguido por la madre, la amada o el amigo.

Yo era un chaval de 17 años cuando desembarqué en La Habana, sin un centavo en los bolsillos. Fui a parar al Lazareto de Triscornia hasta que pude comunicarme con mis hermanos, que andaban por Güines cortando caña. Después yo me abrí paso solo. ¿Sabe qué viene todavía a mi mente? Pues, la travesía del océano y la tristeza de dejar atrás mi isla. Sobre todo revivo las horas dentro del barco, donde venía tanta gente mala y buena. (Comenta-

(7) Julio Le Riverend. Historia Económica de Cuba, p. 19. Ed. Pueblo y Educación, La Habana.

rio de Rafael Cabrera, Güines, 1998 a la autora de este libro)

En pleno siglo XVI en La Habana hubo una colonia de canarios integrada por mercaderes que dieron nombre a una estrecha calle, Mercaderes, donde activaron tradiciones y creencias. Dos siglos después, una cruz verde fue instalada en una fachada y fue celebrada la vía crucis, mientras en los comercios aparecieron nombres de sitios de Las Afortunadas.

Por otro lado, los aborígenes ya no encontraban en el lecho de los ríos más pedacitos de oro que entregar al español venido de tan lejos. De ahí que para España, el oro comenzó a perder el significado del gran secreto de Cuba e iba ganando espacio la idea de convertir el puerto de La Habana en el ombligo marítimo del Nuevo Mundo, adonde llegaban individuos de todas partes y de todas las categorías sociales: cortesanos, militares, presidiarios, delincuentes, comerciantes y labradores.

Era 1535. Los criaderos de oro en la Llave del Nuevo Mundo estaban exhaustos, y el endeudado gobernador interino Manuel de Rojas pidió al rey el relevo del mando: *La pobreza de Cuba* –destacó– *no puede llegar más lejos.* Los indios morían por enfermedades llegadas de Europa como la viruela y el sarampión, a lo que se unían los suicidios masivos ante el choque violento con una cultura que los humillaba, sometía a la servidumbre y destruía sus ídolos.

La rápida extinción aborigen motivó que el Monarca incentivara la emigración española hacia Cuba y en particular la canaria. En condiciones prácticamente de semiesclavitud, los colonos canarios ocuparon los trabajos de la agricultura y en menor cifra, fueron ubicados en la producción y defensa de la Isla. De acuerdo con una cita de Jesús Guanche Pérez en el título *Significación canaria en el poblamiento hispánico de Cuba*, en la segunda mitad del siglo XVI de manera legal emigran 65 personas y, a finales del XVII, se produce el incremento de la presencia isleña en territorio cubano.

La Habana se convertiría en el enlace de las relaciones económicas, sociales y culturales entre España, América y África mediante las Islas Canarias. Hacia finales del siglo XVII, la capital cubana devino en imán para los comerciantes, mientras iba resplandeciendo en belleza arquitectónica y la modernidad de aquella época de colonia española.

¡Mi Cuba y Santa Cruz por siempre! / Yo guardo para ambas bellas flores /de rosas, de jazmines, de claveles, / yo tengo ramilletes de colores / nacidos en mi plácidos vergeles. / Y cuando llegue la tirana parca, / tened presente la memoria mía. / ¡Mi Cuba y Santa Cruz... recuerdo amante / poned dos flores en la tumba mía! (Fragmento de *A Santa Cruz de Tenerife*, de la poetisa isleña Ramona Pizarro, nacida en Tenerife y crecida en La Habana, donde entre 1853 y 1856 colaboró con la prensa canaria: El Murciélago y Noticioso Canario).

LA MANO GRANDE ISLEÑA

En 1570 en la Isla caribeña apenas quedaban aborígenes, entretanto arribaban decenas de esclavos y las autoridades españolas también comenzaron a traer colonos canarios, sometidos en la práctica a la semiesclavitud. La Habana hacia la primera mitad del siglo XVII, en la condición de puerto de escala del comercio de Indias, se había convertido en ciudad principal de la Isla y en ella residía el 36 por ciento de la población total.

Poco a poco fue aumentando la presencia de los comerciantes españoles, especialmente de sevillanos, canarios y andaluces, además de portugueses y de diferentes regiones de América. [8]

Canarias antes que Cuba había sido territorio ocupado y conquistado por la Corona de España, una afirmación que aparece en la obra *América Española Colonial,* del autor Abad de Pradt: *la primera colonia española fue el Archipiélago Canario, la que después España incorporó a su soberanía.* El texto describe la espantosa crisis económica que tipificó a Canarias por un largo período y la desesperación de su pueblo por emigrar hacia otros lugares con la esperanza de hallar una mejor vida. Esta condición favorecería la gran diáspora isleña hacia el Nuevo Mundo, bajo la ignorancia de que encontraría el Dorado.

Por aquella época, en La Habana crecía el peligro del saqueo e incendio a la ciudad por corsarios y piratas. Tales circunstancias contribuyeron al reforzamiento de la defensa de la capital, razón que en 1573 originara la protesta de los vecinos al rey, pues el gobernador Pedro Menéndez de Avilés los hacía vivir armas al hombro. En particular, a los mozos canarios les redoblaba las rondas día y noche, así como el servicio de vigilancia al este y oes-

---

(8) Colectivo de autores. Historia de Cuba. La Colonia, p. 111. Editora Política. La Habana. 1994. Referencias al crecimiento de comerciantes, entre estos se hallaron los canarios.

te de las alturas costeras.

Durante el último tercio del siglo XVI, tras la conquista de México y Perú, la isla de Cuba había quedado precariamente poblada, y, por ello, los dueños de latifundios también necesitaron la mano grande isleña. Asunto que en la fecha convierte a La Habana en principal destino de los canarios.

Por tal suerte, de Canarias emigran entre 1569 y 1589 hacia Cuba alrededor de 70 personas. En el grupo hubo siete familias y el resto fueron pasajeros con acompañantes ilegales. Los sucesos migratorios de finales del siglo XVI y del XVII, muestran que la mayoría isleña no encontró la tierra prometida, incluidas muchas de las familias establecidas con mejor ventaja por el mencionado Tributo de Sangre. Para los descendientes guanches el progreso se transformó en pura utopía. Cuentan que por esa época en La Habana una gallina valía igual que una vaca en Santiago de Cuba.

Según Wikipedia. La Enciclopedia Libre, se calcula que entre 1585 y 1655 los canarios representaron alrededor del 25, 6 por ciento de los inmigrantes de La Habana. Años después, la emigración canaria adquirió un aire masivo hacia la isla cubana. De hecho, en el siglo XVIII, fue el segundo país de emigración canaria después de Venezuela. Por su lado, Ramiro García Medina (canario radicado en Cuba desde 1948) autor del libro La inmigración Canaria en Cuba, advierte que por ser Cuba una de las últimas colonias de España, es en esta isla de América hispana donde radicó uno de los asentamientos más grandes de españoles. Textualmente señala: *Tal es el caso de la emigración canaria que venida ya en los viajes de Colón, fluyeron hasta 1958, es decir durante 465 años.*

Los censos publicados durante la colonia, especialmente el de 1863, al clasificar la población blanca existente por regiones y países de origen de los inmigrantes, muestran que de 136 poblaciones cubanas, en 128 habitaban oriundos de Canarias, o sea el significativo 94 por ciento sobre el total encuestado. Un poeta dijo que si todos los isleños muertos en el mar en el intento de llegar a Cuba se dieran la mano, se podría hacer una cadena de canarios que se extendería desde la orilla atlántica hasta las mismas piedras del Castillo de El Morro, ubicado en la boca del puerto de La Habana

Los isleños no olvidaron traer a los bosques cubanos la hermosa ave de plumaje amarillo, el canario, recordado por la ilustre Dulce María Loynaz cuando en su título *Un Verano en Tenerife* describe:

> *Miles de pájaros canarios hendían el aire desgranando sus trinos al crepúsculo: esos mismos que hoy en día únicamente se oyen presos en una jaula mísera. Hasta el aire era distinto entonces, pues circulaba libre de la montaña al mar.*

José Martí realza con sensibilidad a la avecilla que lo alegra y en los Versos Sencillos, dice:

Yo pienso cuando me alegro
Como un escolar sencillo,
En el canario amarillo, -
¡Qué tiene el ojo tan negro!

Manuel Jesús Correa Alfonso en su prólogo al libro *Antología de décimas* de Marlene E. García Pérez, recuerda que su bisabuelo materno un día partió hacia Cuba para evitar la represión política de las autoridades de Canarias *sufriendo el dolor de la ida en un mes de arriesgado velero, en que tan solo por compañía llevó un quintal de gofio, un barril de agua, un zurrón, una escudilla, y una muda de ropa.*

Pero al mismo tiempo recuerdo en los rincones del patio de la casa, a mis tías abuelas contarme el sufrimiento del regreso de mi bisabuelo, ya con una familia hecha en Cuba, con la plata ganada y los tarecos a cuestas, de los que conservo una cómoda y un ropero.

Hasta 1716 fueron introducidas en Cuba más de cien familias, a las que antes de partir de Canarias se les entregó dos hachas. Mientras que por cada 50 familias eran entregadas 200 libras de hierro y 50 de acero para que fabricaran machetes; también podían trasladar vacas y yeguas con miras a la reproducción, además de semillas, frutas y bebidas. Estos grupos se asentaron en zonas agrícolas como la Fernandina de Jagua; Dos Bocas, Candelaria, Morón; Palma Soriano, Guanicún, Brazo-Canto y Nimadina, y la mayoría en Sancti Spíritus.

En Canarias fui nacido / entre la pera y la uva / y me trajeron a Cuba / en soldado convertido. / Muchos llanos he corrido / durmiendo en cualquier cabaña; / y no hay serranía ni montaña / ni loma que yo no suba, / amo, por amor, a Cuba y por deber, a España. (Décima de Vito Gómez, Cuquillo, nació en Canarias, 1880, emigró a Cuba en 1898, falleció en Villa Clara, 1935).

LA HUELLA CANARIA

A los sitios cubanos los isleños trajeron además de gofio y sedas policromadas, los aperos de labranza como el arado de tipo andaluz, conocido también como criollo, las guatacas o azadas de palo corto y largo, el rastrillo y el machete, devenido en arma símbolo de la nación cubana. El campesino cubano lo portó enfundado a la cintura, como también hacían los canarios con el cuchillo del monte.

Por aquel tiempo los árboles cubrían un elevado por ciento de la superficie de la Isla. Los isleños empleaban sus hachas con el afán de clarear en los bosques espacios para la siembra de diversos productos agrícolas y, sobre todo, la caña de azúcar. Precisamente, de Canarias la caña de azúcar -que por muchos años fue el primer reglón económico cubano-, primero la llevaron a La Española y desde ella fue introducida en los campos de Cuba por expertos isleños en su cultivo y fabricación de azúcar.

Canarios y criollos en el monte abrieron caminos y fabricaron la carreta tirada por bueyes uncidos por el yugo, un vehículo fundamental para el trasiego de los frutos, viandas y la dulce gramínea. El sonido nostálgico que desprende el paso cansino y chirriante de la carreta, todavía hoy es posible escucharlo por las guardarrayas y caminos de la campiña cubana.

En el período de 1699 a 1718 llegaron voluntariamente 154 isleños, y otros muchos de cifra desconocida, por lo que se calculan unas decenas correspondiente a la migración ilegal. La mayoría de los recién llegados no rebasaba la edad de los 40 años, y de ellos, los más jóvenes se asentaban lejos de las ciudades donde encontraban trabajo en las fértiles tierras

Pocos canarios alcanzaban la categoría de indiano. Uno de ellos fue el obispo de la catedral de Santiago de Cuba, don Nicolás Estévez Borges, quien en 1673 había mandado a construir a México la bella cruz de filigrana que pesó 100 libras y 14 onzas, con una altura de 1,80 metros, cuya pieza envió a la parroquia de San Marcos de Icod, Tenerife, donde sus padres le habían bautizado. En este templo como en otros de La Palma, se exhiben piezas religiosas de plata mexicana que datan del siglo XVIII, primero trasladadas a Cuba y después enviadas a Canarias. La de mayor valor y hermosura que se conserva es la custodia de la parroquia de Nuestra Señora de La Peña del Puerto de La Cruz.

Por esta época, también La Habana recibió donaciones religiosas procedentes de Canarias. De tal suerte, el 5 de enero de 1790 fueron colocados objetos religiosos en las capillas de los hospitales de San Francisco; San Juan de Dios, San Lázaro y el Convento de las Mercedes. Del mismo modo, junto a la Caridad del Cobre, Patrona de Cuba, se adoraban las vírgenes del Rosario y la Candelaria. Además, fueron incrementadas las celebraciones de la Cruz de Mayo.

Un hecho curioso nos lleva al santuario de Tacoronte, Canarias, donde aparece en el retablo la virgen de La Soledad, que había sido adorada en La Habana Vieja, en el antiguo convento de los Agustinos. Según cuentan, el donante fue un antiguo canario que vivió en la capital cubana alrededor de 1761. Dicen que justificaba los traslados de la imagen y retablo con su entrañable amor por Cuba, y explicaba que en el santuario de Tacoronte la virgencita de La Soledad calmaba su añoranza por la isla del Atlántico, pues ella en La Habana le alivió su morriña por Canarias.

Otras costumbres enraizaban en la isla caribeña. En los campos los canarios usaron extrañas remedios curativos para quitar el ojo de pescado y el empacho.

También, sembraron la creencia en el mal de ojo. El parto de la esposa lo anunciaban, al vecino más próximo, silbando el nombre de ella y la llegada de su *vegigo* [9] (voz canaria) y de este modo, de bohío en bohío, continuaban los chiflidos ofreciendo la noticia de felicidad por toda la manigua. E introdujeron en el lenguaje popular frases como esta: *Esto* sabe a *retama de guayacol,* en clara alusión a esta hierba amarga que crece en Canarias. Y en las fiestas familiares los isleños empleaban carímbala o caja de música y el tiple, e interpretaban coplas, sandungas o murgas, décimas, o simplemente hacían adivinanzas.

De manera espléndida, Cuba abrió su corazón a los más desafortunados isleños de Las Afortunadas. Durante muchos años, ellos trabajaron bajo el estigma de seres nobles, obtusos, rudos y hechos para las duras faenas de la agricultura, pues con esfuerzo y voluntad férrea se impusieron ante la brutal discriminación de que eran objeto y nunca

---

(9) Vegigo: Voz canaria para denominar a los niños. Este término sigue en uso, principalmente, en zonas rurales de Cuba.

más volverían a ser tildados de bestias y brutos.

Ya a finales del siglo XVII fueron consideradas personas laboriosas, honradas y con gran resistencia.

Desde mi llegada a los campos cubanos, siempre tuve en las manos una guataca para abrir surcos, bajo un sol tan intenso que me hacía sudar como si me hubieran echado cubos de agua. Nunca tuve dinero para darme una vuelta por Tenerife, ni para estudiar. Pese a lo pobre que fui allá y también aquí, no disminuye mi amor por Canarias y Cuba. (Testimonio ofrecido a la autora por el emigrante Severino Fleitas, quien falleció en 1990).

Las manos grandes fueron imprescindibles en el cultivo del tabaco y la caña de azúcar y miles de familias canarias ganaron la más alta reputación, lo que atestiguó el Gobernador de Canarias, en carta de 4 de abril de 1878, enviada al Capitán General de Cuba, en la cual también anunció acelerar tal corriente inmigratoria. Fue esta una de las razones para que la semilla isleña se convirtiera en fructífero árbol de la genealogía cubana, mientras en las islas de Canarias no hay familia que no lleve en su tronco raíces de los emigrados en Cuba. De ahí la energía canaria y cubana que hace latir a numerosos corazones en las siete islas del Atlántico y la mayor de las Antillas, lo cual da pie al título de este libro: *Corazones Canarios Cubanos.*

Esto es en son para cenar/ una guajira p'a su gente/ de donde vino mi abuelo/ y en Cuba quedó por siempre. (Estribillo de *Son para mi abuelo*, del des tacado compositor y tresero[10] Pancho Amat, nieto de isleño).

¿POR QUÉ LA BÁRBARA EMIGRACIÓN?

Acontecía el descubrimiento y colonización de América y las siete islas canarias devenían posición geográfica estratégica y paso obligado hacia la Indias, al tener en cuenta además la acción favorecedora de los vientos alisios. Así en los puertos de Canarias hacían escala las naves con rumbo al Nuevo Mundo. En particular, los isleños tenían el privilegio de viajar a América sin tener que pasar por el registro de Sevilla y las restricciones de embarque, incluidos los cupos de emigrantes y puertos de destino, lo cual también incentivó la gran emigración clandestina.

La bárbara peregrinación hacia América durante siglos, independiente de las causas geográficas e incentivos oficiales de la Corona, vale resumirla con estas palabras: escapar de la humillación social y la pobreza. Aquel pueblo emigraba porque sobraban los gobernantes que no respondían a sus cabales intereses sociales, las necesidades materiales y espirituales.

La población isleña vivía amenazada por el desempleo, la corrupción, el trueque del contrabando, el hambre, la desidia y la vergüenza de haber sido conquistada por los españoles. Son causas válidas

(10) Tresero: Se denomina a los músicos que tocan el tres cubano. Instrumento musical de tres cuerdas derivado de la guitarra.

que incentivan la peregrinación de cualquier pueblo que sufre los males de una sociedad, donde el privilegio de la fortuna es disfrutado por la minoría del poder político y económico dominantes.

En los inicios de la colonización por la Corona de Castilla y de acuerdo con cálculos tomados de Wikipedia, los pobladores de Canarias apenas sumaron 106,000, cuya cifra diezmaba cada año producto de muertes por las epidemias que asolaban el territorio, a lo cual se unían las frecuentes sequías y por consiguiente, la escasez de alimentos.

A los mencionados desastres se unieron más causas que contribuyeron a la diáspora isleña. Entre ellas, la caída de los precios del principal cultivo de exportación, la grana o cochinilla, lo cual repercutió en la crisis económica que por largo tiempo sufrió Canarias. Era la época en que los mozos fueron obligados a participar en las guerras de España con otras naciones de Europa y Marruecos. Numerosas familias isleñas quedaron divididas por la separación de quienes partieron a la guerra o a la aventura del Nuevo Mundo.

Entre el siglo XVI y finales del XIX, de todos los emigrantes españoles en Cuba, el mayor por ciento correspondió a canarios, gallegos y asturianos, según estimados. De ahí la fuerte influencia isleña, sobre todo, en las costumbres y modo de hablar del criollo cubano. Curiosamente, nunca los isleños en Cuba fueron llamados gallegos, como los criollos identificaron al español de cualquier región de España. En la actualidad los cubanos (isleños también) continúan llamando isleños a los canarios.

Vale recordar que la mayoría isleña había llegado

a la Mayor de las Antillas creyendo que aquí encontraría bastante que ganar. La realidad fue otra, pues muchos no lograron ni siquiera regresar al terruño natal y renunciaron al sueño de convertirse en indiano. Sin olvidar que un volumen significativo del pequeño comercio estaba en manos canarias y, además, el tráfico con Canarias fue el punto de partida para la formación de elites mercantiles isleñas que se integraron dentro de los estratos altos de la sociedad cubana.

¡Qué bien meces, Cuba hermosa / en tu frente montuosa / tu cabellera de palmas! (Verso de José Jacinto Milanés de ascendencia canaria, nació en Matanzas en 1814, y murió en esta provincia 1863. Uno de los grandes de la poesía intimista y del criollismo y ubicado en la primera promoción de poetas románticos de Cuba).

La gran estampida

Los cálculos indican que en 1778 unas 900 personas abandonaron solamente Tenerife rumbo al continente americano. Un ejemplo de ello es el pueblo de San Juan de la Rambla, donde el censo de 1779 señala que uno de cada cuatro varones se hallaba en las Indias.

En el prólogo al libro de Ramiro García Medina, titulado: *La inmigración canaria en Cuba*, Francisco Osorio Acevedo se pregunta y responde: *¿Y por qué tantos canarios han preferido encontrar la muerte en el mar a quedarse en la tierra que los vio nacer? Unos por "miedo a que los levaran al moro" (la interminable guerra de trincheras del Rif africano, tumba de tantas generaciones isleñas),* *otros huyendo del caciquismo (ese asqueroso cáncer de nuestra sociedad, donde el que no es "hijo de alguien", no es hijo de nadie), otros huyendo de la intolerancia social...*

Entonces, comenzó a decrecer en Canarias el volumen de la población masculina. Los emigrantes más pobres no pagaban pasaje gracias al compromiso de formar parte del Batallón de La Habana, que entre 1753 y 1762 se nutrió de mozos isleños, quienes así garantizaban por años la subsistencia en tierra extraña. Sin embargo, hubo quienes desertaron del Cuerpo Militar auxiliados por los parientes ya establecidos en Cuba.

En la primera mitad del siglo XVIII en las siete islas continuó la crisis de la exportación de vinos, agravada en lo adelante especialmente en Tenerife por la limitación del comercio con Inglaterra, la Guerra de Independencia de Estados Unidos y el decreto de libre comercio de 1776 que motivó la competencia de los puertos peninsulares y americanos. A la emigración de la clase más desfavorecida, comenzó a unirse el éxodo de las familias de cierta posición. Entretanto, el comercio de cueros, azúcar, tabaco y maderas lo ejercían comerciantes y contrabandistas canarios, junto con otros españoles de las diferentes regiones de la Península. Los puertos de La Habana y Santa Cruz de Tenerife servían al trasiego de las mercancías, las que en muchas ocasiones enriquecían los bolsillos de los militares y dueños de navíos.

En esta época todos los cargadores de mercancías, integrados entre otros por canarios residentes en La Habana, establecían estrechas relaciones con capitanes y maestres de navíos, quienes también ejercían este negocio pero a la inversa, o sea desde Canarias hacia la capital cubana.

Inmensa es la ambición que hoy se apodera /de mi entusiasta corazón artista / por verme en tu nevada caballera / y en tu solio eminente alzar la vista, / tendida por doquier, desde esa esfera / al hombre contemplar: que, como arista, / vaga en la creación: y en el espacio / decir al hombre "el Teide es mi palacio". (Fragmento de El Teide, del poeta y escritor Andrés Avelino de Orihuela, nacido en Las Palmas de Gran Canaria en 1818. Llegó niño a Cuba y residió en La Habana, donde ocupó cargo en la Sociedad Económica Amigos del País y colaboró en la prensa de la época. Murió en Madrid, 1887)

EL AMOR ENTRE OCHO ISLAS

El mestizaje en la Isla cubana había comenzado cuando gran parte de los españoles vivía amancebada con indias o negras esclavas. Por lo que desde los primeros años del arribo de los canarios a Cuba (aunque en menor medida que españoles de otras regiones), también hubo unión ilegítima de estos con indias y negras; después con mestizas (hijas de padre español y madre india o negra y viceversa), y con mulatas (hijas de padre español y madre negra o viceversa).

Como es de suponer, de estas uniones nacían criollos con sangre de múltiples etnias que en lo social, cultural y espiritual respondían a las características y naturaleza de la tierra de origen, Cuba. Aquel tiempo fue difícil para los isleños, sin que la angustia de subsistencia económica mellara el amor por las siete islas natales y la cubana. En la memoria de 1762 aparecen canarios, con derroche de valentía y honor, en la defensa de La Habana contra los invasores ingleses, cuyas acciones de fidelidad a la tierra que los cobijó como hijos legítimos, las repetirían durante las guerras de independencia de los cubanos en el siglo XIX.

La presencia isleña en tierra cubana creció en la mitad del siglo XVII y más lo fue a medida que avanzó el XVIII. Específicamente, en 1783 se registró un gran aumento de familias oriundas de Islas Canarias, enviadas por las autoridades españolas con la intención también de blanquear la colonia cubana. Pues a finales del siglo XVIII la población negra esclava y libre ascendió en una proporción de 51 a 49 sobre la población blanca.

Años después, el Capitán General de la Isla creo la Junta de Fomento con miras a incentivar la presencia de los colonos blancos. Así, la Real Cédula del 21 de octubre de 1817 posibilitó el gran desarrollo de la población blanca con la introducción, en particular, de contingentes canarios. Por el puerto de Nuevitas solamente entraron, en 1818, unas 300 familias isleñas procedentes de Nueva Orleáns, donde estuvieron en tránsito hacia la isla del Caribe.

Estos grupos trajeron sus léxicos que pronto influyeron en el habla de los sitios donde fueron distribuidos. De las voces canarias son: *chubasco*, por aguaceros cortos; *banda*, relativo a lugar, y *lajas* por el vocablo piedra. Los isleños llamaron *matojo* al monte pequeño, y *caballito del diablo* a un insecto negro con aguijón, común en los campos de Cuba. De las voces canarias muy usadas todavía en Cuba son: *balde* por cubo; *ciudadela* es la casa de vecindad; *gago* por tartamudo y *fañoso* llamaron al individuo que tiene una pronunciación nasal. Desde los tiempos remotos los cubanos usan la voz canaria *fajarse*, referida a dos personas que se dan golpes.

La huella canaria continúa visible cuando el campesino cubano se sienta en el taburete ante la mesa y degusta garbanzos y *ñame* con mojo de ajos, cebolla, manteca de cerdo y zumo de naranja agria, o cuando *vela un mondongo*, mientras fuma un tabaco y de buenas a primera, rompe el silencio de la noche con una décima cantada.

Canarias, de aquel dulzor / que te brota en cada gajo, / me llegó por el atajo / de mi fiel progenitor. / Sobre mi margen de amor /ese recuerdo se incuba / y aunque soy hijo de Cuba / porque germiné en su entraña, / llevo el melado de caña / junto al sabor de la uva. (El autor es hijo de canario, Francisco Rosquete Nápoles, nacido en Cabaigúan en 1943).

Los asentamientos

En el siglo XIX continúa y se acrecienta la diáspora canaria, con miras a sustituir la mano de obra esclava en las plantaciones de la caña de azúcar. En la segunda mitad de la centuria se calcula que a la Perla de las Antillas llegaron miles de isleños, muchos procedentes de Tenerife. De acuerdo con los censos de 1846 y 1862, la presencia canaria en Cuba era mayoritaria dentro de las migraciones hispánicas, considerada por los estudiosos cerca del 45 por ciento. En 1846 los habitantes españoles en Cuba ascendieron a 117 466, quienes representaron el 13,07 por ciento del total de la población en la Isla (898 742), mientras los canarios constituían el 6 por ciento de tal cifra, unos 53 825.

A propósito de este hecho el periodista y escritor canario Serafín Ramírez publicó en la revista *El Guanche*, órgano del Partido Independentista Canario fundado en 1924 en La Habana, un artículo donde refiere que en el lapso entre 1870 a 1880 se registró una afluencia migratoria entre Canarias y Cuba de viajeros víctimas de contratos opresivos, similares a los convenios en la condición de semiesclavitud firmados por los culíes antes de zarpar hacia las Antillas. Los inmigrantes trabajaron en las fincas azucareras por 15 horas diarias. Además, forzados a pagar la refacción inicial con motivo de que el contrato incluía los gastos de pasaje, ropas y otros utensilios básicos. Este tipo de colono pronto descubría que se hallaba endeudado con su patrón. Según Ramírez, por causa del neoesclavismo fueron afectados más de cinco mil canarios.

El tiempo restaña las heridas de añoranza, sobre todo si creas tu propia familia. Es como si uno fuera la semilla echada en el surco extranjero, donde al cabo de un tiempo germina el árbol que ya tiene raíces muy profundas en esta tierra, porque han nacido los hijos. Yo siento que tengo dos patrias chicas, La Habana y Canarias. (Comentó a esta autora Miguelito Suárez Castellón, una tarde de 2008 en la Sociedad Canaria *Leonor Pérez*, durante una partida de dominó).

En rápida hojeada por documentos de parroquias y archivos generales, saltan a la vista los grandes asentamientos canarios, entre mediados del siglo XVIII y durante el XIX, en las zonas orientales como en Holguín, Mayarí y Bayamo con los apellidos: Barrios, Báez, Estévez, Gutiérrez, De León, Martín, Ramos, Reyes, Rodríguez, Sánchez, Pérez, Acosta, Cabrera, Álvarez, González, Díaz, Pedroso, Méndez, Padilla, Navarro, Peña, Santos, Santana, Tejera, Zamora, Rivera, Ortiz y De Jesús.

Durante tres siglos, la presencia isleña creció significativamente en Sagua de Tánamo, Sagua la Grande, Zaza del Medio, Caibarién, Remedios y sobre todo en Cabaigúan, donde los naturales y descendientes constituían el mayor por ciento de toda su población. Mientras otras notables cifras de emigrantes se asentaron en Campeche, La Habana, La Guaira y en los tres puertos principales donde era permitido el comercio con los buques isleños. [11]

El flujo poblacional canario repercutió no sólo en el comportamiento demográfico de muchos pueblos de Cuba, sino también en el desarrollo espiritual de la sociedad.

La imagen se disuelve/ tras un camino líquido, / quimera de las almas usurpadas, / su meridiano engendra/ un sueño intransitable: / más allá, en el abismo del tiempo, / el abuelo pone proa conmigo/ hacia la noche. (Del poema *Última mirada*, de Patricia Trujillo Blanco, premiada en los IX Juegos Florales, 2011).

---

(11) Alfredo Martín Fadragas. Libro: *Comunidad Canaria de Cuba.* Ediciones Extramuros, La Habana, 2004.acerca de grandes asentamientos y fundaciones de pueblos en las páginas 21, 23, 24,25 y 26.

LOS ARTÍFICES DEL TABACO

El tabaco ya crecía en Cuba mucho antes de la llegada de Colón, utilizado en la cultura indocubana con propiedades mágico-religiosas. La aromática planta sedujo también al conquistador español, al punto de propiciar el desarrollo de las industrias cigarreras y tabacaleras.

Como se esboza en el exordio y en correspondencia con la información ofrecida por Gaspar García Galló en su texto Biografía del Tabaco Habano, el primer español dedicado al cultivo del *cohíba* fue el canario Demetrio Pola, a quien el aborigen Erio Xil Panduca trasmitiera su experiencia en 1541. Años después, en la periferia de la capital cubana muchos isleños se dedicaron a las labores en las vegas de tabaco, lo cual originó los asentamientos en Jesús del Monte, San Miguel del Padrón, Bejucal, Güines y Santiago de las Vegas,

Precisamente, en Cuba fueron los canarios quienes desarrollaron la más célebre sabiduría en el cultivo del tabaco. En el siglo XVII, uno escribió desde Pinar Río a su familia en Tenerife: *Bastan dos aguaceros al mes, porque si el agua es mucha roba miel del tabaco.* De ahí que en famosa zona veguera de Vuelta Abajo, en Pinar del Río, los isleños contribuyeran a la fundación de grandes asentamientos urbanos y rurales como La Palma, San Juan y Martínez, San Luis y Candelaria.

No es cuento de caminos decir que como el veguero canario no hay otro en Cuba. Aunque ha pasado mucha agua por debajo de los puentes, quedó la sabiduría de este tabaquero en tierra pinareña.

¿Por qué Pinar del Río es la región por excelencia del tabaco? Vaya usted a saber las propiedades del suelo, pero yo le aseguro que en el occidente cubano están los mejores vegueros: canarios de pura cepa o descendientes directos: hijos, nietos y bisnietos. (Testimonio del isleño-pinareño, ya fallecido, Juan González, ofrecido a la autora en 1999).

Dedicados al mismo cultivo, también los canarios se asentaron en Vuelta Arriba, en la región central de Cuba, donde fundaron algunas ciudades y pueblos. En otros sitios de la Isla y hasta 1792, ellos se dedicaron especialmente al pequeño cultivo de abastecimiento y al corte de la caña de azúcar, así como a la venta ambulante. Más tarde, entre los siglos XIX y XX, numerosos isleños contribuyeron al comercio de víveres y al comercio detallista. También trabajaron en la industria alfarera y en fábricas de Sancti Spíritus y La Habana.

El mar es una inmensa lágrima abandonada, / y el mundo una pupila ciega, desorbitada, / siniestramente vuelta hacia el azul hermético. (Del poema Desamparo; autor: Francisco Izquierdo, nació en 1886 en Tenerife y murió en La Habana en 1971)

EL DESANGRAMIENTO MIGRATORIO

La libertad de comercio contribuyó al hundimiento de la economía canaria y al aumento del éxodo masivo. Ello se unió el negocio de los dueños de barcos encargados del masivo traslado de isleños hacia América que huían de la crisis y buscaban mejor vida en las tierras americanas.

Tras la instauración borbónica de Felipe V, en

Cuba muchas familias canarias fueron destinadas al cultivo de extensos territorios despoblados o de baja explotación llamados *señoríos*, los que inicialmente surgieron como puestos de vigilancia y resistencia contra los asedios ingleses. Los señoríos eran propiedad de la nobleza titulada, ente ellos, marqueses y condes.

La impronta canaria era visible en las iglesias con las imágenes de vírgenes y santos procedentes de Las Afortunadas y por los objetos religiosos de orfebrería, realizados en plata. La típica casa comercial de Canarias también fue construida en las barriadas habaneras. Otras influencias tendrían lugar en la escultura y pintura.

Asimismo y como hemos reiterado, gracias al Tributo de Sangre las autoridades de Cuba y Puerto Rico entregaron tierras fértiles a familias procedentes de las Islas Canarias, lo cual motivó la más abundante presencia femenina isleña entre todas las españolas llegadas a Cuba. Ninguna otra emigración como la canaria contó con el incentivo de partir con la familia y la garantía de un trabajo en los campos de la isla caribeña, aunque fuera mal pagado.

Y como es de esperar, la concurrencia de isleños a Cuba continuó su crecimiento sobre todo en el campo. Cada núcleo familiar fue encabezado por un experimentado agricultor que en virtud de los resultados del trabajo, esperaba recibir la merced real de Poblador Fundador en aquella tierra que convertía en productiva. Mientras que el sueño del retorno, durante el duro batallar en la agricultura, se disolvía en la añoranza por la amada Canarias.

Aún son evocadas coplas cantadas por los campesinos isleños en los surcos donde echaban semillas y tubérculos, para que germinaran frutos, yuca, papa, boniato, malanga, maíz, tabaco y caña de azúcar. He aquí la copa dedicada al Teide:

El Teide surge del suelo, / gigante Generalife, / para escribir en el cielo / el nombre de Tenerife. / Tenerife es una iglesia, / es el Teide su sagrario, / y en ese sagrario laten / los amores del canario. (Anónimo)

EL CONTRABANDO

La historia de Cuba del siglo XVII muestra una parte de la población sumida en la incertidumbre y en lucha por conquistar el bienestar de sobrevivencia. De ahí que el comercio de rescate o contrabando, se ejerció en gran escala frente al monopolio oficial de la metrópoli española, en el cual participaron inmigrantes canarios.

Los productores se veían obligados a vender sus mercancías a un solo comprador, el gobierno colonial. Por esta razón, estuvieran supeditados a las condiciones abusivas impuestas por el monopolio oficial. Como vía de escape para mejor la situación interna, los pequeños y medianos productores ejercieron el contrabando expuestos a sufrir severas sanciones, en el caso de que fueran descubiertos.

Puerto Príncipe (Camagüey), Sancti Spíritus y Villa Clara cambiaban sus bultos con ingleses y holandeses por las caletas de sus costas. Así, Baracoa y San Juan de los Remedios lo hacían directamente. Mientras, Bayamo hacía estas operaciones por Puerto Mota; entretanto Manzanillo, Santiago y Trinidad lo realizaban a través de sus costas. Por el occidente, participaba La Habana que utilizaba las costas de Matanzas, Mariel y Batabanó.

Era la época del llamado ganado cimarrón que pastaba libremente en los extensos y vírgenes montes cubanos. Según cálculos, hacia finales del siglo XVII hubo en estos parajes unas 10 mil cabezas; asunto que incentivó el comercio ilegal, pues lo traficantes mataban grandes cantidades de aquellos animales y les quitaban los cueros que enviaban a Europa, donde crecía la demanda. Mientras, la corambre o cuero se convertía en el primer renglón económico de Cuba y era intercambiado con el comercio oficial español, en tanto acontecía el contrabando o rescate con los bucaneros ingleses, franceses y holandeses.

Fueron los bucaneros (palabra derivada del francés *boucan* que significa carne ahumada), los primeros en abrir las rutas del comercio de contrabando, alrededor de 1578. Por ello a cualquier comerciante ilegal de cuero y carne salada o ahumada se le llamó bucanero.

El comercio ilegal contribuyó al desarrollo particularmente de Bayamo. Para cortar el auge del contrabando en la mencionada villa, en 1603 el gobernador Pedro Valdés envió una tropa que pronto fracasó. Poco después, el obispo Juan de las Cabezas Altamirano se presentó en Bayamo con la misión de persuadir a los contrabandistas para que abandonaran tal ejercicio. Sin embargo, al conocer el Obispo que la iglesia se beneficiaba con ingresos procedentes del contrabando, también se involucró en esos negocios.

Entonces, ocurrió un hecho escandaloso. El obispo Altamirano fue capturado por Gilberto Girón, en represalia y chantaje con motivo del pago de mercancías que la iglesia de Bayamo debía a este bucanero. Llenos de ira, bayameses e isleños atacaron al bucanero Girón que murió en la pelea junto con sus hombres.

Por su lado, el Obispo y el Acalde dirigieron sendas cartas al Rey de España en las que no contaron la veracidad de tales hechos, pues plantearon que se trataba de un grupo de bucaneros enemigos de la religión católica. En especial, el obispo Altamirano pidió al escribano de Puerto Príncipe, el poeta Silvestre de Balboa Troya, quien también practicaba el contrabando, que describiera los hechos pero ocultando la realidad, y de tal suerte es el poema titulado: *Espejo de Paciencia*, la obra literaria más antigua de la cultura del criollo.[12]

El autor de *Espejo de Paciencia*, Silvestre de Balboa Troya y Quesada había nacido el 30 de junio de 1563 en Las Palmas, Gran Canaria. Vivió en Cuba alrededor de 50 años, donde se casó con una criolla, hija de Francisco de la Coba, nacido en Gran Canarias. Silvestre fue escribano en Bayamo, cuyo oficio también ejerció en la villa de Santa María de Puerto Príncipe, hoy Camagüey, en 1608 cuando escribió el canto épico.

El Capitán Gilberto Girón, francés, Señor de la Ponfiera, llega con una gruesa nao a Manzanillo. Puerto y jurisdicción de la villa del Bayamo; y teniendo noticia que el Maestro Don Fray Juan de

---

(12) Eduardo Torres Cueva y Oscar Loyola Vega. Historia de Cuba1492-1898. Referencias al contrabando y a Silvestre de Balboa Troya en las páginas: 82, 86, 87 y 98.

las Cabezas Altamirano, obispo de esta isla de Cuba, está en el hato de Yara, salta en tierra con veinte y seis soldados, y caminando de noche, prende al Obispo y al canónigo Puebla, y los trae presos a su nao, donde rescatan al obispo por cueros y dinero, y la dan libertad. (Canto Primero del *Espejo de Paciencia*).

LA NOBLEZA TITULADA

En Cuba del siglo XVIII numerosos canarios continuaron en los trabajos de labranza, producción y defensa. Los núcleos urbanos lo integraban entre otros: pulperos, artesanos, zapateros, espaderos, panaderos, plateros, sastres, barberos, herreros, toneleros, canteros y faroleros.

Por otra parte, encontramos a los canarios que pertenecían a la nobleza titulada. Así en 1770 alcanzó la mencionada condición el marqués de San Felipe y Santiago de Bejucal, hijo de la primera marquesa Rosa María Pérez de los Reyes, tinerfeña, y al conde de San Juan de Jaruco, 1770, quien junto con la esposa procedían de la familia Santa Cruz, avecindada en La Palma a partir de 1525. A propósito del conde de Jaruco, su bisabuelo, Pedro Beltrán, fue el primero de esta familia isleña que residió en La Habana y a él se le debe la fundación en 1628 del Real Tribunal de Cuentas de la Isla.

En Cuba colonial, unos veinte canarios fueron favorecidos con títulos de Castilla, hasta 1812. De ellos dos ostentaron Grandeza de España y 5 disfrutaron del privilegio de anexar a su nombramiento un *señorío.* Estos últimos fueron los marquesados de San Felipe y Santiago de Bejucal, y Cárdenas de Monte-Hermoso, quienes ejercían sus señoríos sobre las jurisdicciones de Bejucal y San Antonio Abad o de los Baños respectivamente, mientras los condados de Casa Bayona y San Juan de Jaruco lo hacían sobre Santa María del Rosario y Jaruco. El quinto señorío se estableció en Guisa, territorio de San Salvador de Bayamo.

Según estudios, en la primera mitad del siglo XVIII hubo un notable crecimiento de los núcleos urbanos en la Isla. Especialmente la inmigración blanca marcó una cifra importante y de ella la más numerosa fue la canaria. Tal aumento en gran medida se debió a la transformación productiva del país, lo cual obligó a la búsqueda de la fuerza de trabajo y por ello fue promovida la inmigración libre europea. En La Habana se concentraba la población más numerosa de toda Cuba, con 50 mil habitantes, seguida por Bayamo, Puerto Príncipe y Santiago de Cuba, respectivamente con menos de 15 mil pobladores.

A mediados de esta centuria era impetuoso el avance de la agricultura en la colonia cubana, sobre todo en los ingenios con grandes producciones de azúcar destinadas a Europa y los Estados Unidos; el último país citado devino en su mercado más importante, independientemente de los envíos hacia Rusia, Baviera y Polonia. El éxito de la producción azucarera, en gran medida, se debió a las novedosas tecnologías introducidas en los ingenios. Así, en 1760 Cuba alcanzó 4,969 toneladas de azúcar y años después, en 1827 fue de 76,669 toneladas, para ubicarse como el mayor productor mundial del dulce.[13]

Sobre este renglón económico existen interesantes anécdotas referidas al desarrollo y progreso por inmigrantes canarios. A la isleña Catalina Hernández se le debe la fundación del primer trapiche de caña en Cuba, a finales del siglo XVI, mientras que el Conde de Jaruco se inscribe como el primero en introducir en Cuba la máquina de vapor para el rápido crecimiento de la producción en su ingenio.

Ante tu piélago de cuatro siglos, / yo, canario arquitecto del retorno, / nazco codeso salvaje / por tu Espejo de Paciencia. (Tomado del poema Canario arquitecto del retorno, de Yuniel Rosabal Robaina; primer premio del VI Juegos Florales-2008)

LAS FUNDACIONES DE PUEBLOS

Un destacado número de pueblos en Cuba fueron creados por familias canarias en zonas donde antaño tenían lugar grandes cultivos del tabaco y de plantaciones de la dulce gramínea o próximas a los puertos por donde desembarcaban los contingentes de isleños. Así, en el siglo XVIII, los habitantes de 40 partidos habaneros, en mayoría eran canarios y descendientes de ellos.

El investigador cubano-canario Alfredo Martín Fadragas, autor del texto *La Comunidad Canaria de Cuba*, destaca que como resultado de esta emigración masiva los canarios fueron fundadores de

---

(13) Eduardo Torres-Cuevas y Oscar Loyola Vega. Historia de Cuba. 1492-1898. Editorial Pueblo y Educación. 2001. Referencia a Cuba colonial como primer productor mundial de azúcar, páginas: 116 y 117.

pueblos y ciudades como Jesús del Monte, Santiago de las Vegas, El Calvario, Bejucal, Güines, Jaruco, Matanzas, Camajuaní, Placetas, Santo Domingo, Nuevitas, entre otros. La presencia isleña en Jesús del Monte data de 1689, confirmada con el bautizo de 6 de julio en una iglesia de la capital cubana y el primer matrimonio realizado el 3 de noviembre de ese mismo año. No obstante, expresa el citado autor, existe la posibilidad de que ante de esta fecha ya hubo asentamientos canarios en la referida zona habanera, con motivo del abundante cultivo del tabaco en dicho territorio.

Por otro lado, la Dra. Dolores Guerra, en la investigación titulada "Participación de inmigrantes canarios en la sedición de los vegueros en el siglo XVIII", señala la existencia de un grupo de familias isleñas de vegueros arrendatarios que se asentaron en las confluencias de los caminos Real del Sur y Luyanó, desde mediado de la referida centuria.

Yo fui tan pobre en Cuba como en Canarias, nada de aspirar a tener una finca, ni nada. Siempre tuve trabajos duros con la guataca en mano para sembrar papas, o el machete para cortar caña y el pico para abrir pozos. Como guajiro, usaba un sombrero de yarey para que las alas me cubrieran la cara, y salía del bohío a las 6 de la mañana, después de beber una tacita de café. Ese era el desayuno. Fueron tiempos muy difíciles, figúrese que el almuerzo de cada día, era harina de maíz, un boniato hervido y un huevo frito o tasajo. (Testimonio de Ignacio Roque de 80 años de edad. Güira, 2002).

Al actual municipio de Bejucal al oeste de la capital cubana, en 1712 fueron trasladadas 30 familias canarias, nombradas principales y exentas de impuestos por las entregas de parcelas de tierra para sus viviendas, animales y aperos de labranza por el Primer Marqués de este pueblo. Dos años después, el 9 de mayo de 1714, fue fundado San Felipe y Santiago del Bejucal, al oeste de Ciudad de La Habana, bajo la evocación de San Felipe y de la virgen de la Candelaria, razón por la cual el pueblo bejucaleño venera un patrón y una patrona. La última expresada es la virgen de la Candelaria que aún permanece en la misma iglesia que abrió las puertas a los feligreses el 5 de abril de 1722. La Candelaria la donó el marqués Juan Núñez del Castillo, uno de los fundadores de Bejucal, nacido en Castilla en 1660, quien llegó a Cuba como teniente e hizo rápida fortuna en el tabaco (dueño de muchos molinos de rapé), y es uno de los promotores del Estanco, lo que le originaría el mencionado título.

Asimismo, 31 familias fundaron la ciudad de Matanzas el 12 de octubre de 1693, uno de los fundadores fue Diego García de Oramas; Güines, a mediado del siglo XVI, donde el 34, 8 por ciento de las mercedes se hallaban en manos de canarios, concedidas entre 1650 y 1720; Camajuaní, el 1ro de enero de 1879 por numerosas familias que desde hacía muchos años residían en la zona; Placetas, vinculada a la villa de San Juan de los Remedios, hacia finales del siglo XVII, la cual y con la anuencia del sacerdote José González de la Cruz, contaba desde 1684 con una ermita en su hato de Copey, traslada más tarde al lugar conocido como El Ciego.

Por otra parte, Caibarién fue fundada en 1883,

por cuyo puerto entraban los contingentes isleños que se distribuían entre esta ciudad, Placetas y Vueltas. Mientras, Sancti Spíritus y Ciego de Ávila, dos provincias al centro de la Isla, hoy se enorgullecen de llevar sangre canaria en las venas por los numerosos isleños asentados en el territorio entre los siglos XVIII y XIX. Santo Domingo, pueblo de la actual Villa Clara, lo fundaron canarios en 1819, donde aumentó la inmigración isleña hacia 1843 con el total de 1,315, de ellos 973 eran hombres y 342, mujeres.

A través de los siglos creció la población canaria en Cabaigúan y por ello la distinguieron como capital de los isleños en Cuba. En sus libros de bautizos existe la respuesta al título honorífico dado por los pobladores y en la actualidad, más del 80 por ciento de los habitantes son descendientes de canarios. Otros grandes asentamientos se originaron en Bayamo, Holguín, El Calvario, Alacranes, Taguasco y Zaza del Medio.

Santiago de Compostela de las Vegas o simplemente Santiago de las Vegas fue fundada por 44 familias isleñas el 3 de mayo de 1749, Día de la Santa Cruz. Aunque se conoce que desde 1623 existían vecinos canarios en la zona o sea en el llamado corral de Bejucal, según Francisco Montoto, primer historiador de este pueblo. Aquellos isleños construyeron una ermita en 1670, bajo la devoción de la Santa Cruz y de Nuestra Señora del Rosario, la cual en 1688 recibió la categoría de iglesia. La Cruz originalmente fue de madera, después de hierro y desde 1956 los santiagueros la llaman Cruz Verde al devenir en un monumento de granito del mencionado color, ubicada en la calle Cero.

Los canarios en Santiago de las Vegas se convirtieron en expertos cultivadores de tabaco en tierras realengas, colindantes con Zócalo Hondo, Bejucal y Managua. Santiago fue reconocido como villa el 18 de junio de 1725 y se le asignó una demarcación jurisdiccional. El entonces obispo de Cuba, el gallego Compostela, mandó a construir la iglesia de la villa para que se idolatraran a Santiago Apóstol y a la virgen del Rosario. La virgen y el santo que es el patrón, continúan venerados por los vecinos del sagrado templo. En 1824 Santiago de las Vegas fue declarada ciudad y en 1836 ostentó una tenencia de gobierno, que pasó a Bejucal en 1840. No obstante, pasados cinco años le fue devuelta la administración gubernamental a Santiago.

En la primera mitad del siglo XVIII se produjeron apreciables crecimientos de los núcleos urbanos, donde tenían lugar el corso, el comercio ilegal y la consagración en el poder local de la oligarquía criolla. La inmigración blanca fue constante, con un mayor número de canarios. [14] La ciudad con mayor número de habitantes correspondió en primer lugar a La Habana, con unos 50 mil pobladores, seguida por Bayamo, Puerto Príncipe y Santiago de Cuba, con cifras que oscilaban entre los 14 y 12 mil. En estas poblaciones aumentaban los artesanos, pulperos, panaderos, barberos, sastres, carpinteros, toneleros, tintoreros, espaderos, albañi-

---

(14) Colectivo de autores. Historia de Cuba, La Colonia. Evolución socioeconómica y formación nacional. Editora Política, 1994. Referencia al crecimiento demográfico en el siglo XVIII, fundaciones de pueblos y los oficios más solicitados por los pobladores urbanos, en las páginas 192, 193 y 267.

les, canteros, faroleros, peluqueros y zapateros.

Otros grandes asentamientos de canarios tuvieron lugar en el siglo XIX en Bayamo, Guantánamo, Baracoa, Cienfuegos y Nuevitas, donde influyeron con sus costumbres, tradiciones y creencias.

A finales del siglo XX se estimó en tres mil los naturales de Islas Canarias que todavía vivían en Cuba. Una cifra que aumenta considerablemente, al sumar los descendientes, es decir los consanguíneos canario-cubanos. Es por ello que en el llamado color del cubano, hay mucha tinta canaria.

Derrite espasmos de impaciencia / y nunca permitas que me despojen / de esos modos tuyos de salir a flote. (Fragmento de Elegía del isleño ausente. Autor: Leonardo Estrada Velázquez. Tercer premio de la popularidad en los VIII Juegos Florales)

EL LÍDER DORAMAS

El primero en Las Afortunadas en ostentar el apellido que derivaría en Oramas fue el aborigen Juan Doramas, devenido en guerrero líder de la resistencia en su isla Gran Canaria ante la invasión ordenada por los Reyes Católicos. Del matrimonio de Juan Doramas con María Hernández nacieron cuatro hijos: María, Juan, Francisco y María A. Los tres últimos cuando se casaron decidieron trasladarse a la población del Realejo, donde nace la descendencia principal del árbol genealógico de los Oramas que extendería sus ramas por los territorios de Canarias y América.

Doramas, que en la voz bereber *d-uhraw-gms* significa nariz ancha, procedía de la demarcación de Telde y pertenecía a clase social trasquilada, o sea:

plebeya. Por este origen fue obligado a llevar el pelo corto. Era musculoso, ancho de espaldas y de estatura mediana. En la historia de la isla Gran Canaria es resaltado como líder valiente y diestro. Para la defensa personal usaba como escudo una rodela de drago, blanca, negra y roja en cuarteado, y portaba una enorme espada de madera. El caudillo con su cuadrilla de rebeldes, sorprendía los destacamentos del enemigo causándoles numerosas bajas. El 20 de agosto de 1481 se entabló una dura batalla en el distrito de Arucas y tras una encarnizada pelea, cayó herido de una lanzada y poco después murió.

Cuentan que el general Pedro de Vera clavó su lanza a Doramas por la espalda tras la derrota de un caballero de Castilla. Su cabeza decapitada fue clavada en una pica y exhibida por la ciudad de Las Palmas de Gran Canaria. El cadáver fue sepultado en la montaña de Arucas. Mientras la célebre espada de Doramas fue expuesta y venerada por mucho tiempo en Las Palmas.

Los descendientes de Doramas fueron bautizados e inscriptos con el apellido que por nombre tuvo el guerrero. En las primeras generaciones la grafía se conservó, pero con el paso de tiempo dio lugar al apellido De Oramas que acabaría convirtiéndose en el actual Oramas. Hoy lo llevan alrededor de quince generaciones de sus descendientes.

Sé que nací bohemio y he de morir bohemio... / Sin la mugrienta pipa ni la melena fútil, / porque hice el bien que pude sin esperar el premio/ y he llevado mi vida como una carga inútil. (Del poema Contrición, del abogado, periodista y poeta Luis

Báez Mayor. Nació en Telde y lo trajeron a Cuba con 5 años de edad. Murió en su ciudad natal en 1941 con 30 años de edad).

LA DIÁSPORA ORAMAS

El estudio sobre las familias Oramas u Orama en América, muestra que son ramas del tronco común Doramas. Sus raíces se remontan a los años fundacionales de los pueblos y al desarrollo del comercio en las colonias españolas. Estas y otras razones, motivaron que numerosos isleños Oramas emigraran a partir del siglo XVI, especialmente con destino hacia Cuba y Puerto Rico (en este último, el apellido perdió la ***s*** final y quedó: Orama).

Entre los primeros en tomar el rumbo de las Indias, 1594, se hallaron los hermanos Juan y Sebastián Oramas. Poco después, llegaron a la isla caribeña Francisco Doramas y Hernández Oramas, seguidos más tarde por Gonzalo Oramas de Saá y Meneses, quien arribó a La Habana escapado de las quintas y se avecindó en el poblado de Guara.

En tierra cubana los Oramas dueños de comercios y otros negocios dieron sus apellidos a los esclavos. Es por ello, una de las razones que originó el Oramas entre las familias negras. A propósito y de acuerdo con una leyenda, a principios del siglo XVIII viajaban hacia Cuba un polizonte negro y un canario de apellido Oramas. Descubierto el polizonte y a punto de ser lanzado al mar, Oramas lo declaró esclavo de su propiedad, con lo cual impidió el crimen y dio su nombre al africano.

De la rama de los Oramas negros desciende Faustino Orama Osorio, el Guayabero, uno de los artistas más carismáticos de la música popular cubana, nacido el 4 de junio de 1911 en Holguín, donde murió poco antes de cumplir 100 años. Sin estudios académicos, fue compositor y guitarrista, carrera iniciada a los 15 años de edad en el Septeto Tropical, en el cual tocaba maracas. Luego, compuso los sones montunos salpicados de doble sentido. Obtuvo numerosos reconocimientos y el Premio Nacional de Humorismo-2002.

Entretanto, una amplia investigación sobre el origen del apellido Oramas en La Habana, lleva a cabo Odelín Oramas Román, con énfasis sobre Bejucal y la Salud, lugares de nacimiento de los padres: Tomás y María Luisa. Enterado de libro que escribimos, gentilmente Odelín facilitó informaciones sobre algunas ciudades y pueblos aledaños a la capital cubana, como Santiago de las Vegas, donde reside en la actualidad. De tal fuente se conoce que a San Felipe y Santiago del Bejucal, en 1712 llegaron 30 familias canarias favorecidas con parcelas de tierras exentas de impuestos, para construir viviendas y criar animales: caballos, yeguas, vacas, toros y aves. Al grupo se incorporó en 1718, el primer Oramas asentado en territorio bejucaleño: Diego Oramas Pérez, natural de Realejo de Abajo, Tenerife, tatarabuelo de Odelín.

Es muy abundante la descendencia de Diego Oramas Pérez, casado con Theodora Josefa Martínez. Del matrimonio nacieron María Josefa Evarista (1772); María Josefa de los Dolores (1775); Antonia Oramas Martínez (1777), y Diego (1779). De esta rama sanguínea son José Eulogio (1853), José Teófilo (1854), José María (1856), José María Robustiano (1859), y José Antonio Robustiano (1859), hijos de Eulogio Oramas Díaz y Gertrudis Pérez Guzmán González.

Por su lado, Diego Oramas Díaz se casó con Mercedes López y tuvieron dos hijos: Lenso y Benigno, de quien descienden los Oramas Román: Juan, Antonio, Candita y José Ortelio Oramas López. En tanto, mi padre y tíos: Sotero, Severino e Iluminada, hijos de José Oramas Guzmán (natural de Bejucal) y de Ángela Fleitas Martínez (natural de San Antonio de los Baños) nacieron en el barrio de Las Piedras, Bejucal. Del matrimonio con Ofelia Rodríguez, natural de Buenaventura, Sotero tuvo tres hijos: Gregorio Eudelio, Yolanda y Humberto. Enviudó y se casó con María Luisa Camero Encinosa, natural de Santiago de las Vegas, con quien tuvo también tres hijos: Nelson, Ángela y José.

Los Oramas avecindados desde el siglo XIX en El Cano son descendientes de Francisco Oramas y María, que tuvieron un hijo, Antonio, quien dio vida a las ramas genealógicas de los nietos: Oramas Vidal, Oramas González, Oramas Santos, Álvarez Oramas, y los Oramas Díaz, entre otros más.

De acuerdo con los estudios mencionados, los Oramas de Güines y El Cano muestran una numerosa descendencia. De ahí son José Ortelio, casado con Dolores Soca y los hijos: Marcelina, Hortensia, Edelmira, José Ortelio y Leopoldo Oramas Soca, quienes también dieron continuidad al apellido con los Oramas Fuentes y Oramas Rodríguez, seguidos por los Oramas Álvarez, Oramas Saavedra, Oramas Bonco, Oramas Gutiérrez, y Oramas Gálvez.

Mientras Aurelio Oramas Mesa, procedente de Sabanilla del Encomendador, se casó en Guara con Candelaria Collazo Oliva y tuvieron varios hijos:

Luisa, Mercedes, José Francisco, José Ramiro, Alfredo, José Emilio Asela, Margarita, Carmen Juana, César Mario, Carlos, Nicasio y Pilar María. De los últimos, son los nietos con los apellidos: Díaz Oramas, Oramas Rodríguez, Hevia Oramas, Oramas López, Rodríguez Oramas, Grau Oramas, Oramas Ezquerro, Oramas Hernández, Oramas Vargas, Muñoz Oramas.

En Guara, Joaquín Oramas Rodríguez se casó con Carmen Valdés y tuvieron cinco hijos: Andrés, José Manuel, Julia María, Felipe y Joaquín. Así como nietos que llevaron los apellidos: Vasallo Oramas y Oramas Collazo. De Bejucal y Santiago de las Vegas eran Agapito Oramas y su esposa Rosalía Hernández, así como sus hijos: Margó, Roberto, Reinaldo, Bienvenido e Ignacio Oramas Hernández.

Haríamos interminable la relación de los nietos, biznietos y tataranietos de los Oramas de Bejucal, Guara y La Salud, pues suman centenares, y por eso dejamos abierta e inconclusa la investigación a los seguidores del tema.

Entonces / me nombro Dácil o Guajara, / voy persiguiendo una ínsula en fuga, / atisbo cielos danzantes / tras la silueta casi mística / del drago de Icod, / dibujo arabescos / de un océano nuboso / que titila entre roques y tajinastes / mientras el Atlántico / ciñe de azules viriles / las siete cinturas de Canarias. (Tomado del poema: Tributo al jardín de las Hespérides, de Lysbeth Daumont Robles, tercer premio de popularidad en los V Juegos Florales-2007)

El motín de los vegueros

Una desastrosa herencia en lo económico y social recibió la capa más humilde del siglo XVIII, época dentro de la cual los vegueros protagonizarán historias de rebeldía y ejemplaridad contra el monopolio del tabaco que conllevará grandes repercusiones en la esfera política.[15] Con motivo de que la famosa planta aromática de Cuba tenía gran aceptación en Europa, la Corona de España se hizo cargo de la venta al exterior del tabaco cubano, privando del negocio a los particulares, entre ellos a los vegueros criollos y canarios.

Por ello, en 1717 fue dictado el Estanco del Tabaco por la Real Hacienda, especialmente en el contorno de seis leguas de la ciudad de La Habana. De este modo, el gobierno de la colonia se reservó el derecho de comprar el tabaco, con sujeción a la tarifa ordenada dentro de la misma instrucción en que fue establecido el estanco. Para tales operaciones del estanco fue creada en La Habana la oficina de la Factoría, con sucursales en Santiago de Cuba, Trinidad, Sancti Spíritus y Bayamo.

El estanco del tabaco originó ira y desaprobación entre la mayoría de los vegueros. Así, cuando fue ordenado que entregaran sus cosechas en la Factoría muy pocos cumplieron con aquella abusiva disposición. Fue entones que unos 500 vegueros se reunieron en la región habanera de Jesús del Monte y acordaron protestar contra el embarque del tabaco por cuenta del gobierno. Armados de ma-

---

(15) José Cantón Navarro. Historia de Cuba. El desafío del Yugo y la Estrella. Editorial SI-MAR. S.A. Cuba. 1996. Referencias sobre las sublevaciones de los vegueros en página 31.

chetes entraron en la capital y recorrieron las calles con el grito: *Muera el mal gobierno.*

El motín de los vegueros, conocido como la primera sublevación de los trabajadores en La Habana en defensa de sus derechos, fue acordonado por tropas, y con miras a tranquilizar los ánimos fueron creadas comisiones que integraron regidores y sacerdotes que prometieron a los sublevados suspender las operaciones del estanco, si el rey aceptaba la revocación del decreto que había originado el conflicto.

Los vegueros esperanzados, regresaron a Jesús del Monte y a los respectivos hogares. Pero el Rey, colérico, resolvió enviar a Cuba un millar de soldados con la misión de proteger a toda costa el funcionamiento de La Factoría; sin embargo, en 1720 aconteció la segunda sublevación de los vegueros.

Jesús del Monte, donde radicaba uno de los mayores núcleos de canarios de La Habana, volvió a ser el punto de cita de los disgustados vegueros y esta vez acordaron impedir el suministro de carne a la capital, al paralizar el traslado del ganado para tal efecto. Durante 13 días, los indignaos trabajadores del tabaco amenazaron con repetir el motín realizado años atrás en el corazón de La Habana. Algunos vegueros de Guanabacoa y Santiago de las Vegas que no se unieron a los sublevados, tildados de estanqueros, sufrieron el incendio de sus cosechas y casas.

La Corona prometió autorizar a los particulares el comercio y exportación del tabaco sobrante a España y otras colonias en América, y después de cubiertas las compras hechas por la Factoría. Pero, los abusos derivados del Estanco continuaron en aumento y ello motivó la tercera sublevación de los vegueros, 1723. Los cosechadores de tabaco, muchos eran canarios o hijos de familia canario-cubana, en los alrededores de La Habana se pusieron de acuerdo para no vender a la Factoría a plazo sino en efectivo y amenazaron con no efectuar nuevas siembras.

Ese proyecto tuvo contrarios dentro del seno de los propios vegueros y unos 900 protestantes se armaron y resolvieron destruir las cosechas de quienes se habían opuesto a sus acuerdos. Y contra los sublevados el Capitán General de la Isla ordenó la salida de 200 hombres, de infantería y caballería bien armados que se apostarían en las inmediaciones de Santiago de las Vegas. Poco después, los vegueros fueron acribillados a balazos con el resultado de varios muertos (algunos eran canarios); hubo muchos heridos, y 12 apresados que más tarde, y para que sirviera de escarmiento, fueron ahorcados en los caminos reales.

Doscientos años después, 1993, una tarja con los nombres de los ocho vegueros ahorcados en febrero de 1723 fue colocada en la Loma de Jesús del Monte, donde recibieron sepultura. Son ellos: Mateo Ravelo, Juan de Quesada, Blas Martín, José Cañino, Melchor Martín, Pedro González, Melchor Martín (hijo) y Eusebio Pérez. También a la entrada de Santiago de las Vegas existe un monumento que recuerda la acción de los vegueros.

Las sublevaciones de los vegueros atemorizaron al gobierno colonial y desataron su represión. El Rey percibió muy claro que la colonia cubana comenzaba a agitarse y no sólo por circunstancias económicas, sino también en lo social y político. El temor obligó a Felipe V establecer en Cuba un régimen de mano dura. Prohibió que los criollos, aunque pertenecieran a la aristocracia, ocuparan cargos civiles y militares de importancia.

De los árboles pende una docena / de labradores duramente muertos, / bien apretados, como doce injertos / de carne rebelada por la pena. / Así, del pueblo en la conciencia oscura / está cayendo la inicial postura / de la lucha social transformadora. Simiente de Ideal, surco de herida, / los que se han dado a sembradora vida / disfrutan de una muerte sembradora. (Fragmento de *Doce Vegueros*, del poeta Jesús Orta Ruiz, Indio Naborí).

EL BANDOLERISMO

Llegaba a Cuba el isleño afligido por la vejación que en Canarias sufrió bajo la metrópoli española, sin pensar que en esta isla hallaría el mismo régimen de explotación. Muchas familias campesinas nunca rebasaron la condición de extrema pobreza, ante lo cual algunos hijos se rebelaron de la peor forma y se perdieron el camino del cuatrerismo.

El bandolerismo se desarrolló durante el siglo XIX, y continúo en las tres primeras décadas del XX. Hasta 1868 el cuatrero prefirió actuar en solitario y se dedicó al robo menor y a los asaltos en descampados. Después, fueron creados los grupos para atacar, robar y secuestrar a ricos hacendados en sus propiedades.

Hacia 1878 surgió el nuevo tipo de cuatrero, llamado indistintamente bandolero social o insurrecto, según señalan Manuel de Paz Sánchez, José

Fernández y Nelson López Novegil en la obra *El bandolerismo en Cuba* (entre 1800 y 1933). Contra el bandolero social el régimen lanzó miles de soldados sin obtener victoria. Aquel individuo se ocultaba en la espesura del monte y no era delatado por determinados guajiros que decían: los bandoleros roban a los ricos para darles a los pobres.

Con gofio y leche de vaca yo alimenté a mis vejigos porque aquellos tiempos en el campo no fueron fáciles para los pobres, ni pensar en comprar chocolate y pan, la mantequilla la hacía yo misma en mi fogón de carbón. Nací en Lanzarote y embarqué para Cuba con mi esposo Benito. Aquí nacieron mis hijos, que también enseñamos a trabajar la tierra y sembrar papa en Güines. Me llamo Rosario Báez y en este bohío tiene usted su casa. (Testimonio, 1950).

El bandolerismo se extendió a Camagüey y Oriente, pero con menos intensidad que en La Habana y Matanzas, donde en 1880 asumieron papeles protagónicos: José Álvarez Arteaga y Manuel García Ponce, este último apodado "Rey de los campos de Cuba", devenido en símbolo de resistencia contra el poder colonial y hacedor de fábulas y de la inspiración del verso:

> *Le sucedió a Manuel / por ser tan justo y tan fuerte / que hirió de muerte y lo apellidaron cruel.* [16]

La primera fechoría la realizó a los trece años de

---

(16) Ramiro García Medina. La inmigración canaria en Cuba. Editorial Globo. Canarias. 1995. Referencias sobre el bandolerismo y datos biográficos sobre Manuel García en págs: 46-58.

edad, con el robo de ganado a terratenientes. Descubierto, fue expulsado de su humilde hogar y apresado por la Guardia Civil. En el camino hacia la cárcel dio muerte a los captores y se internó en el monte para unirse al grupo del bandolero Lengue Romero. Poco después, fue detenido y deportado a Santo Domingo, donde cometió fechorías y mató a un secuaz. De allí escapó. Regresó a Cuba y armó su propia banda.

Pronto Manuel García fue considerado el más temible bandolero en el occidente cubano. Realizó numerosos robos y secuestros. En 1889 obtuvo indulto para él y su banda. Pero la tregua duró poco; de vuelta al bandolerismo secuestró tres hacendados en una sola acción y se apropió de 12 mil pesos que repartió con sus secuaces: Domingo Montelongo, Sixto Varela, Goyo Sosa, Pablo Gallardo, José Plasencia, Pedro Valenzuela, Eulogio Rivero, Antonio Mayol, Justo Rosales y su hermano Vicente García.

En 1890 inició la campaña contra la empresa de Ferrocarriles Unidos. Pidió 15 mil pesos oro y si estos no le fueran entregados, procedería a descarrilar los trenes de carga y pasajeros que circularan por las líneas de Madruga, Güines y Quivicán, lo cual llevó a efecto.

Como no fue satisfecha la solicitud, exigió 20 mil pesos oro, bajo la amenaza de que si no se le entrega tal cantidad de dinero incendiaría las estaciones. Quemó todas las construidas con madera y elevó la petición a 30 mil pesos oro, a cambio de detener los actos vandálicos. En esta oportunidad, además amenazó con matar a los conductores y otros empleados de trenes. Sembró el terror.

Corrió el rumor de que el gobierno había negociado con Manuel García y por eso, hubo un tiempo de calma. En 1894, reapareció en Batabanó atacando la guardia civil y el ejército. Intentó vincularse con los patriotas y le mandó una maleta con ocho mil pesos a Juan Gualberto Gómez, para sufragar gastos de la Guerra Necesaria que organizaba José Martí.

Juan Gualberto Gómez informó a Martí del asunto, y recibió la respuesta que a continuación ofrecemos en síntesis: Devuelva ese dinero a quien se lo entregó. Con nada de lo que él hace, colocado como está, fuera de la ley, y de toda sanción moral, nosotros podemos tener relación ninguna: devuélvale el dinero. Los árboles deben venir sanos desde la raíz.

Por su cuenta, Manuel García decidió secundar el alzamiento independentista, el 24 de febrero de 1895. Concentró su pequeña tropa, 14 hombres, en Ceiba Mocha para avanzar hacia la región oriental e hizo una parada en la tienda El Seborucal, donde se produjo un motín acompañado de fuerte tiroteo. Entre los armados se encontraba el sacristán de la iglesia próxima, quien le disparó al célebre bandolero y este murió al instante. Seguidamente, fueron acribillados el sacristán y Julián de Osma, autor del motín.

Manuel Hermenegildo García Ponce había nacido el primero de febrero de 1851 en Alacranes, Matanzas, hijo de los inmigrantes canarios: María Isabel y Vicente. Durante 25 años fue el terror de los ricos hacendados y del gobierno colonial.

No voy a detener la voz / aunque el telón me venga encima, / aunque de mí, / no quede al viento / ni el nombre, ni un tropo, ni una tabla de salvación / como recurso al desentrañar / los enigmos del mencey. (Fragmento del Monólogo del actor principiante. Autor: Ricardo Enrique Rodríguez Casañas; tercer premio en el I Juegos Florales-2003).

EL DESCONTENTO CRECIÓ

Crecía el descontento y la necesidad de protestar ante los males de la sociedad que afectaba a las capas más humildes. En 1841 los canarios dirigen una proclama a los isleños y criollos a favor de la independencia de Cuba y también de Puerto Rico. El texto termina así:

> *¡Cubanos! ¡Puertorriqueños! ¿El grito sacrosanto de libertad no hallará eco entre vosotros? Sois amenazaos; tenéis a la espalda un continente de Repúblicas pobladas de hermanos vuestros ¿y no os late el corazón? Vuestros odiosos tiranos yacen sumidos en guerra intestina, sin un soldado de que disponen, porque todos los necesitan; sin un buque para enviaros más cadenas, sin un amigo que apoye su única y desigual dominación sobre vosotros y ¿permanecéis sufriendo que os llame vasallos y devoren todavía vuestra sustancia?*
>
> *Hijos de Cuba y de Borinquen ¡Pertenecéis a la América: la América toda es libre, menos vosotros. Alzaos: ha llegado el día que podéis gritar impunemente LIBERTAD!*

No obstante el conocimiento de esta proclama por parte de las autoridades españoles, se incentivó la ininterrumpida llegada a Cuba de los canarios. Pues, el gobierno colonial temía una posible sublevación de los negros, como había sucedido en Haití a principios del siglo XIX. De ello parece derivarse, entre 1874 y 1899, el nuevo intento de blanquear la población cubana, sobre todo con el arribo de canarios que ya ostentaban la fama de eficaces agricultores.

Por otra parte, los intermediarios encargados de los contratos de los emigrantes canarios, dieron riendas sueltas al fabuloso negocio de las salidas ilegales. Estos individuos trasladaban viajeros en las naves por encima de las controladas por el gobierno de España o sencillamente de las capacidades establecidas. El número de las salidas clandestinas jamás era declarado y el pago de estos pasajes iba directamente a los bolsillos de los intermediarios y dueños de las naves. Mientras en la Aduana de La Habana se aplicaba el soborno, con miras a permitir el desembarco del emigrante clandestino.

Una situación que se repitió durante la República, entre 1902 y 1950, pero con la diferencia que la mayor parte de los clandestinos pasaban una cuarentena en el Campamento de Lazareto de Tiscornia, hasta tanto fueran reclamados por algún familiar o conocido, comerciante e incluso hacendado para que en la condición de mano de obra barata trabajaran en los ingenios de azúcar. También los

---

(17) Guásima: En Cuba se le llama guásima a un árbol que alcanza más de seis metros de altura. Y este término provine de la voz taína guásuma.

empresarios utilizaban el mismo método de explotación con los desafortunados isleños.

Cubano dale tu amor / al que funda el tiempo nuevo / y guarda para el traidor guásima[17], *cabuya y cebo.* (Copla de Pancho Alday)

LAS ASOCIACIONES

Se calcula que la emigración española a Cuba, entre 1850 y 1899, ascendió a 810 mil personas, correspondiendo el mayor por ciento a canarios y gallegos, teniendo en cuenta que los éxodos obedecían al empobrecimiento extremo tanto en Galicia como en Canarias. De acuerdo con estimados, 140 mil isleños arribaron a Cuba entre 1882 y 1899, tras la abolición de la esclavitud. En aquel período vivían en Cuba unos 21, 296 isleños. La mayoría eran mozos que trabajaban en las plantaciones de la dulce gramínea, donde recibía un miserable salario y eran tan maltratados como los colonos chinos.

Fue por ello que los canarios buscaron alternativas para aliviar sufrimientos e incertidumbres, así como las vías de la protección social y salud a través de instituciones, donde también lograrían unión y riqueza espiritual. Una amplia investigación sobre las fundaciones de estas asociaciones, contiene el libro: *Legado Social de los españoles en* Cuba, de la doctora en Ciencias Históricas, Dolores Guerra Nápoles.

La primera creada fue la Asociación Canaria de Beneficencia y Protección Agrícola, con el principal objetivo de fomentar la inmigración destinada al desarrollo de la agricultura, para lo cual se aprobaron las prestaciones mutuas. La iniciativa partió del grupo de isleños, presidido por Gabriel de Cárdenas, marqués de Bella Vista, reunido el 3 de marzo de 1872 en el Teatro Albizu, en La Habana.

Seis años más tarde, en Matanzas fueron creadas La Asociación de la Emigración Canaria y de Beneficencia, así como la Asociación Protectora de Naturales y Oriundos de Canarias. Dos años después, en Cienfuegos fundaron la Sociedad de Beneficencia de Canarias y en 1884, la Asociación de Beneficencia y Protección Agrícola de Naturales y Oriundos de Canarias, en Cárdenas. Otra más fue establecida en La Habana, 1887: Centro Canario de Instrucción y Recreo, mientras en Cárdenas se fundó la Asociación de Beneficencia Mutua. También en 1898 en esta ciudad matancera abrió las puertas la Asociación de Socorros Mutuos *Las Canarias.*

El 11 de noviembre de 1906 fue inaugurada la Asociación Canaria en la calle Cristo, esquina a Teniente Rey, bajo la dirección de Antonio Pérez y Pérez. Al año de constituida los asociados sumaron unos diez mil. Además, en 1907 salió a la luz editorial la Revista Cuba y Canarias, órgano de la Asociación. Poco después, la sede necesitó un local más amplio y fue ubicada en Prado 69. Posteriormente, tuvo dos nuevos trasladados en la misma avenida, uno en la casona No. 79 y el otro en el local No. 107.

A medida que crecía el número de socios fue necesario buscar locales de mayor amplitud, por eso la Asociación Canaria fue trasladada para la calle Egido No. 2 y después, la ubicaron en Prado y Neptuno hasta 1952, cuando los socios ascendieron a la cifra de 18 000. Entre 1953 y 1960, radicó en Paseo de Martí No. 208, entre Trocadero y Colón. Durante este período, en la Asociación contó con un moderno consultorio de medicina externa, farmacia, laboratorio y otras dependencias auxiliares de salud.

La Asociación tuvo la finalidad de ofrecer asistencia sanitaria, de instrucción, recreo y auxilio a los socios. Además promovió la inmigración de los isleños más pobres hacia Cuba, al tiempo que propició el estrechamiento de los lazos de cooperación y amistad entre los pueblos de Canarias y Cuba. Una parte de los directivos de la Asociación fueron dueños de ingenios e importantes centros comerciales, así como, empresarios.

Los domingos con mi familia visitaba la Asociación. Allí nos reuníamos isleños y cubanos para jugar dominó, conocer los sucesos más importante de Cuba o Canarias y organizar fiestas y competencias del palo ensebado o de carreras de caballos, que se efectuaban en los alrededores de algún batey... Parece que fue ayer y esto pasó hace mucho tiempo. (Testimonio ofrecido en 1970 a esta autora por Ramón Ramos, 1903-1978, isleño que residió en Guara).

Asimismo, desde 1918 la colonia isleña contaba con la Sociedad de Beneficencia Canaria, al cual siguieron las aperturas del Liceo Canario en 1923 y de la Asociación Hijas de Canarias, en 1930.

Las sociedades mutualistas fueron concebidas para proporcionar a los asociados el bienestar social, asistencia sanitaria e instrucción. En ellas prevalecieron la solidaridad y ayuda mutua, gracias también a las cotizaciones de los miembros. En particular, las benéficas funcionaron con el principio de hacer bien y ejercer caridad, en tanto ofrecieron atención médica, búsqueda de empleos y servicios funerarios. Mientras que las sociedades de instrucción y recreo se encargaron de la enseñanza elemental e impartir clases de oficios y música, además de las celebraciones de actos culturales y artísticos.

Por su parte, las culturales desarrollaron las ramas del saber y facilitaron estudios de historia, filosofía y ciencias naturales. Mientras las de asistencia sanitaria favorecieron la atención médica asistencial en diferentes dispensarios, así como servicios de salud en las quintas. También estas sociedades contribuyeron con la construcción de la principal casa de salud. Por otra parte, las deportivas perfeccionaron y desarrollaron los deportes de la preferencia isleña, como la lucha, el fútbol y el béisbol o la pelota, como decimos los cubanos.

En el siglo XX, la Casa de Salud abrió sus puertas con la privilegiada atención de médicos canarios y cubanos de gran relieve, entre quienes figuraron los doctores Emilio Matheu, Francisco Cabrera Saavedra (Director Honorario de la Quinta), Enrique Fortín y Carlos E. Finlay, hijo del descubridor del agente trasmisor de la fiebre amarilla. El tema sobre la Quinta Canaria es ampliado en otras páginas.

Ven, dulce inspiración de poesía, / y con tus alas de fragancia llenas / ¡ay! refresca mi triste fantasía / que suspira entre sombras y cadenas. (Fragmento de A la poesía y a la Ilusión. Autora: Luisa Molina, con ascendencia canaria, nacida en Matanzas (1821-1887), cultivó la décima y el soneto).

EL CAMINO DE HIERRO

Antes que España, Cuba inauguró su ferrocarril, el 19 de noviembre de 1837, con el propósito fundamental de conducir al puerto la producción de azúcar destinada a la venta en el exterior y posibilitar el traslado de pasajeros.

El primer camino de hierro se extendió desde La Habana hasta Bejucal. Un año después llegó a Güines, otra rica zona azucarera. La iniciativa había nacido en 1830, del grupo de hacendados habaneros. No obstante, el mayor impulso fue dado por el cubano Claudio Martínez de Pinillos, conde de Villanueva, quien se hallaba al frente de la Superintendencia General de Hacienda de la Isla y la Intendencia de La Habana. No sólo obtuvo de Madrid la autorización para acometer el proyecto ferroviario, sino que además edificó la importante Terminal que llamaron con su apellido, Villanueva.

En el camino de hierro trabajaron en condiciones infrahumanas 927 canarios. El pago consistió en 9 pesos al mes (salarió que sufría descuentos de gastos por pasaporte, pasaje y atención de salud). Mal alimentados, aquellos hombres fueron forzados a trabajar 16 horas diarias. Pronto comenzaron las rebeldías. Trece protestaron por la mala alimentación y fueron encarcelados: José Verde, Pablo Camacho, Ricardo Tabares, Domingo Luis Pacheco, Juan de la Concepción, Juan Moreno, Pablo Morales, Juan Rodríguez, Rafael Hernández, Dionisio Hernández, Pedro Hernández, José Francisco López y Antonio Rivero. Mientras que, por desnutrición y agotamiento físico, 35 quedaron incapacitados al cabo de 6 meses de iniciada la dura faena.[18]

Tratados como bestias, los isleños rellenaron ciénagas, colocaron líneas ferroviarias por lomas y llanos, y construyeron alcantarillas y puentes sobre ríos, entre los tramos Habana, Bejucal y Güines. En menos de un año, el contingente isleño se redujo a siete hombres. Alrededor de 84 jóvenes se fugaron y 156, murieron por enfermedades y hambre. Entre los fallecidos se halló el niño de trece años Francisco Rufino. Cuentan que muchas veces la madre había solicitado su regreso a Canarias, pues conocía que el muchacho se encontraba muy débil y que en seis meses no le habían pagado ni un centavo.

Del contingente, también habían causado baja varios grupos por haber cumplido las contratas o trasladados hacia otras obras públicas. Al conteo se les añaden los 144 jóvenes que perdieron la vida durante el viaje de Canarias hacia Cuba. En total y según cálculos, 300 isleños murieron por causa de la construcción del camino de hierro.

Nadie puede evitar la tempestad / en este viaje de mi barca / por el río del tiempo. (Escribió el joven Alejandro Urquiza Villalonga, en su poema Civilizaciones de un semidiós, primer premio en los V Juegos Florales 2007)

EL PRELUDIO

A principios del siglo XIX, Francia invadió con su

(18) Alfredo Martín Fadragas. Los canarios y las luchas emancipadoras y sociales en Cuba. Ed. por Grupo de Comunicación de Galicia en el Mundo. Colección de la Emigración. 2008. Referencias sobre los canarios y los ferrocarriles, págs: 21- 27

ejército a España y el pueblo español indignado se defendió contra la intervención extranjera. El gobierno español se debilitó enfrascado en ese conflicto bélico, mientras que en las colonias de América había crecido el descontento e iniciaban sus guerras de independencia. La lucha armada se generalizó por casi todo el continente americano. El libertador Simón Bolívar, de ascendencia canaria, organizó una expedición para también independizar a Cuba, pero esta no cuajó. Con la batalla de Ayacucho, el 9 de diciembre de 1824, las fuerzas bolivarianas pusieron fin al gran dominio colonial español en el continente.

Entretanto, los Estado Unidos comenzaron su expansión continental hacia el golfo de México y el Caribe. Adquirieron en 1821 la Florida Oriental y continuaron sus planes acerca de la posesión de Cuba. Por otro lado se llevaban a cabo gestiones para conseguir la separación de Cuba de España, encabezadas por José Aniceto Iznaga, Miguel Teurbe Tolón, Gaspar Betancourt Cisneros y José Agustín Arango.

Era la época de las agitaciones políticas dentro de la Isla y del periodismo "escandaloso". Varias conspiraciones se hicieron sentir, entre estas la de Soles y Rayos de Bolívar, al frente de la cual se hallaba el cubano José Francisco Lemus, teniente coronel del ejército de Bolívar.

José María Heredia, el primer poeta revolucionario de Cuba, figuró entre los involucrados de la mencionada conspiración, con 18 años de edad. Perseguido por las autoridades españoles, salió de Cuba y se refugió en México. Precisamente, en su obra poética es donde por primera vez se manifiestan los valores de la cultura cubana y la inspiración patriótica.

Heredia es autor de los poemas Al Niágara y el Himno del Desterrado, del último es el verso:

Cuba al fin te verás libre y pura
como el aire de luz que respiras,
cual las olas hirvientes que miras
de tus playas la arena besar.

En medio de los alborotos de aquellos días en La Habana se escuchó el grito de Viva la Independencia, según consta en el acta del fiscal que actuó en la causa por la conspiración de Soles y Rayos de Bolívar. A esta, le siguió un gran número de sucesos de carácter independentista como la Expedición de los Trece; la Gran Legión del Águila Negra, y la Cadena Triangular y Soles de la Libertad. Muchos de los organizadores pagaron con sus vidas los intentos de emancipación.[19]

En toda Cuba los elementos del criollismo van conformando el cubanismo, que da brillo autóctono a la cultura y pensamiento que se desarrolla entre 1838 y 1868, en cuyo crisol existe la impronta de los canarios emigrados. Pues isleños y criollos identificaron necesidades, riqueza espiritual y conformaron las ansias de libertar a Cuba.

Según un cálculo del demógrafo e historiador Juan Pérez de la Riva, a mediados del siglo XIX vivían en Cuba 320 mil canarios, que significó el

(19) José Cantón Navarro. Historia de Cuba. El desafío Yugo y Estrella. Editorial SI-MAR S.A., 1996. Referencias sobre el separatismo y las conspiraciones, en las páginas 36 y 37.

33 por ciento de la inmigración blanca, cuyo dato se encuentra en el artículo La población de Cuba y sus problemas, publicado en la Revista Bimestral del Instituto Nacional de Estadísticas Demográficas, en París en 1967. Pérez de la Riva nació en Francia en 1913 y murió en La Habana en 1976. Trabajó como investigador en la Biblioteca Nacional José Martí.

En la antesala de la lucha independentista, sobresale el presbítero Félix Varela (1788-1853), precursor de la cubanidad, maestro, escritor y sacerdote liberal. Según José de la Luz y Caballero, fue Varela el hombre *que nos enseñó primero en pensar.* Combatió al régimen esclavista desde su cátedra de filosofía en el Seminario de San Carlos y, electo representante ante las Cortes españolas, se pronunció por la independencia americana y la abolición de la esclavitud.

Varela se vio obligado a exilarse, donde continuó los escritos políticos a favor del independentismo. Murió en la Florida, precisamente en San Agustín que es el primer pueblo creado por los españoles en territorio hoy de los Estados Unidos.

Sabe de vinos tibios y de amores / Mi verso montaraz; pero el silencio / Del verdadero amor, y la espesura / De la selva prolífera prefiere: / ¡Cuál gusta del canario, cuál del águila! (Fragmento tomado de los Versos Libres de José Martí, el titulado Poética).

EL ISLEÑO CAPITÁN GENERAL DE LA ISLA

A partir del 20 de octubre de 1843, la capitanía

general de la Isla estuvo en manos de Leopoldo O'Donnell, nacido en Santa Cruz de Tenerife, Islas Canarias, el 12 de enero de 1809, quien se destacó por aumentar su fortuna mientras ejercía la brutal represión y masivas matanzas contra las dotaciones rebeldes de los esclavos, y capas medias de negros y mulatos libres. Asimismo, estrechó relaciones con la burguesía de Cuba y se enfrentó al sector reformista liberal antitratista al que acusó de abolicionista.

Al mes siguiente de su mandato, en noviembre de 1843, aconteció el alzamiento de los esclavos en el ingenio Triunvirato, extendido a las dotaciones cercanas. Para dar escarmiento, el Capitán General de la Isla ordenó la ejecución de 16 negros en el ingenio Trinidad, y obligó que la sangrienta acción fuera presenciada por las dotaciones de las fábricas de azúcar colindantes.

En enero de 1844 sucedió la sonada Conspiración de la Escalera, que motivó la más cruel represión conocida en la historia de la colonia cubana. Los negros y mulatos, apresados fueron atados a una escalera y torturados hasta morir. Las recientes investigación coinciden en afirmar que más que una Conspiración hubo diversos movimientos, compuestos por blancos, pardos y negros libres y esclavos, las que fueron incitadas, directa o indirectamente por el abolicionismo británico y sus simpatizantes.[20]

No hubo evidencia que el poeta Plácido, Gabriel

(20) Eduardo Torres-Cuevas y Oscar Loyola Vega. Historia de Cuba. Edición de la Editora Pueblo y Educación. 2001. Referencias sobre O' Donnell y la Conspiración de la Escalera en las páginas: 186, 187, 188, 189, 203 y 204.

de la Concepción Valdés, encabezara la conspiración, sin embargo el 28 de junio de 1844 fue llevado al cadalso junto con otros integrantes de la capa media "de color", entre ellos: Santiago Pimienta, dueño de 17 esclavos y de 19 caballerías de tierra; Andrés José Dodge, dentista educado en Londres, Jorge López, pintor y teniente de las milicias de pardos; José Miguel Román, dueño de una academia donde se desempeñaba como músico, y Pedro de la Torre, músico y sastre.

También ordenaron censurar los libros Sab y Dos mujeres, de Gertrudis Gómez de Avellaneda, y fueron avisados José de la Luz y Caballero y Domingo del Monte, para que no regresaran a la Isla porque serían reprimidos. Otros intelectuales amenazados debieron salir de Cuba. Por otra parte, entre un grupo de cubanos se abrió paso la idea de la anexión, alentada por el gobierno de Estados Unidos. Hacia 1823, el Secretario de Estado de los EE.UU., John Quincy Adams lanzó la teoría de la fruta madura y siguiendo la ley de gravitación física, observó que Cuba separada de España, caería necesariamente en el regazo de su gobierno. Ese año también se anunció la Doctrina Monroe con el lema: "América para los americanos", intencionalmente relacionada con Cuba y Puerto Rico.

Entretanto comenzaban las derrotas sufridas por reformistas, abolicionistas y anexionistas y tenía lugar el preludio de las luchas por la independencia de Cuba, continuaban las numerosas llegadas de canarios. Según el censo de 1862, del total de españoles en la isla, los isleños sumaban el 48 por ciento.

Los isleños, esos hombres honrados, buenos, intachables que con el sudor de su frente pagan a Cuba la hospitalidad que cariñosamente les dispensa. (Opinión del periodista canario Fernández Cabrera, publicada en *Álbum,* La Habana, 9 mayo de 1907).

LA SIEMBRA DE IDEAS

Hacía mediados del siglo XIX los grandes pensadores como el Padre Félix Varela, Juan Bautista Sagarra, los hermanos Guiteras, José de la Luz y Caballero, José Antonio Saco, Domingo del Monte y Rafael María de Mendive ya habían sembraron las ideas redentoras del patriotismo, sin olvidar a Vicente Antonio de Castro Bermúdez, el médico y literato que desde 1850 conspiraba contra el poder colonial, fundador de la Masonería, cuya organización devino fuente nutricia del movimiento independentista.

Temiendo una rebelión sin límites en Cuba, la Corona de España incrementó el número de soldados en la isla y dio órdenes a los gobernantes de reprimir cualquier movimiento revolucionario.

Ya los Estados Unidos habían comprado gran parte del azúcar de Cuba y alentaba las conspiraciones de carácter anexionista. Las cuatro más destacadas, entre 1848 y 1851, con sello esclavista correspondieron al general del ejército español Narciso López, nativo de Caracas, donde peleó contra los patriotas venezolanos. Todas fracasaron y en la última, López fue hecho prisionero y murió en el garrote de La Habana en septiembre de 1851.

Desde mucho antes y como hemos apuntado en

páginas anteriores, algunos cubanos pensaron que Cuba no debía caer en poder de Estados Unidos. Uno de ellos fue el presbítero Félix Varela, quien sostuvo que Cuba debía ser independiente tanto de España como de los Estados Unidos. Asimismo, José Antonio Saco, figura política del movimiento liberal reformista de 1830, libró importante batalla contra la corriente del anexionismo y fue descollante crítico del sistema colonial. Sobre la lápida de su tumba aparecen en estas palabras suyas:

> *Aquí yace José Antonio Saco, que no fue anexionista, porque fue más cubano que todos los anexionistas.*

Mientras, los canarios resaltaban con la mayor cifra de los inmigrantes españoles que en este siglo se instalaron en Cuba, con principales asentamientos en las zonas rurales y de ahí -inclusive- la colonia Reina Amalia en la hoy Isla de la Juventud. Canarios y descendientes se aprestaban a escribir páginas de heroísmo juntos a los criollos. Muchos manifestaban el sentimiento a favor de la libertad de Cuba y en tal sentido apoyaron la madurez patriótica de los terratenientes criollos del oriente y centro de Cuba.

Amo la paz / y la vida hermosa de la sangre. / Pero son necesarios / el fusil y la pistola / defendiendo esta cintura verde / donde hoy la vida abre sus ríos. (Fragmento de la poesía *Esta cintura verde* del canario Antonio Hernández Pérez, llego niño con su familia a Cuba por la familia cuando aún y murió en Caibarién en 1975).

LAS GUERRAS INDEPENDENTISTAS

El caldo del cultivo patriótico se había originado y propició el estallido de la primera guerra de independencia de Cuba. Una parte de los terratenientes y hacendados criollos en el siglo XIX, especialmente en el centro y el oriente, eran dueños de pequeños ingenios y de pocos esclavos, y se vieron muy afectados ante los nuevos y abusivos impuestos implantados por la metrópoli. Mientras crecía la necesidad de proclamar la abolición de la esclavitud.

Los terratenientes: Francisco Vicente Aguilera, Carlos Manuel de Céspedes, Salvador Cisneros Betancourt, Miguel Jerónimo Gutiérrez y Pedro (Perucho) Figueredo encabezaron la conspiración que daría inicio por el oriente de la Isla a la Revolución.

Así, el criollo bayamés, descendiente de isleño por vía materna, Carlos Manuel de Céspedes y López del Castillo (1819-1874), es quien primero lanza el grito de Independencia o Muerte, en su ingenio La Demajagua, el 10 de octubre de 1868. Tenía 49 años de edad cuando cambió el rumbo al destino de Cuba. En mensaje enviado al presidente de Chile, explicó la razón que lo llevó a tomar las armas contra el gobierno colonial español:

El 10 de octubre del presente año (1868), después de haber soportado largo tiempo las persecuciones y arbitrariedades de los gobernantes españoles de esta Isla, me decidí a levantar en mi ingenio La Demajagua, jurisdicción de Manzanillo, la bandera tricolor de Cuba, acompañado de 500 patriotas, decididos, amantes como yo, de la libertad y la in-

dependencia de nuestra patria. Resueltos a morir con el estandarte tricolor en las manos, antes que volver a soportar el yugo del déspota español, nos lanzamos contra las tropas enemigas al grito de ¡Viva Cuba Libre! ¡Viva la independencia cubana![21]

Poco después del estallido del Yara, Céspedes tomó la ciudad de Bayamo y creó el primer gobierno revolucionario en armas. Bajo su mando llegaron a agruparse 30 mil patriotas. En una de las campañas a caballo, llegó al lugar conocido por Asturias Cubanas, donde encontró a la familia canaria Vegas, identificada como honrada, trabajadora y simpatizante de la causa independentista. Los isleños Vega le ofrecieron apoyo y comida a la tropa mambisa. [22]. El Padre de la Patria es el autor del *Himno Republicano*, de contenido patriótico, del cual es el siguiente fragmento:

¡A las armas, valientes cubanos! / ¡Despertad! Ya retumba el cañón / Y a los golpes del rudo machete / brame herido el hispano león. / ¡A las armas! Seguid de Bayamo / la cubana bandera triunfal, / que Bayamo con mano de bronce / arrancó de su suelo el dogal!

El abogado Carlos Manuel de Céspedes y López del Castillo conocía varios idiomas además del materno castellano, entre estos: francés, catalán, italiano e inglés. Cultivó la prosa, la crónica, la

---

(21) Cartas de Carlos Manuel de Céspedes a su esposa. Ed. Instituto de Historia, 1984. Ref. a familia canaria, pág. 21.

(22) Fernando Portuondo / Hortensia Pichardo, autores de la compilación de escritos de Carlos Manuel de Céspedes. Editorial Ciencias Sociales, 1974. Referencia sobre mensaje de Céspedes al presidente de Chile en la página 17.

poesía y la epístola. Se destacó como jinete y en la esgrima, así como en el ajedrez. Fundó el periódico El Cubano Libre. En 1873 la Cámara de Representantes de la República de Cuba en Armas lo destituye del cargo de Presidente.

No obtuvo permiso del gobierno cubano en armas para embarcar y salir hacia el extranjero, y como patriota disciplinado nunca pasó por su mente abandonar a Cuba como un desertor. Sin escolta, pasó los últimos días de existencia en lo intrincado de la ranchería de San Lorenzo, ubicada en la Sierra Maestra, en el extremo meridional de la otrora provincia de Oriente. Allí vivió en un bohío entre rocas, montañas y desfiladeros, mientras preparaba sus memorias, alfabetizaba a niños y escribía cartas a la esposa y amigos.

Temprano en la mañana del 27 de febrero de 1874, cuatro meses después de la deposición como Presidente, se levantó de la hamaca donde solía dormir, bebió café y luego ensilló su caballo para, en solitario, realizar un paseo dentro de la zona de San Lorenzo, que se hallaba invadida por fuerzas españolas. Poco después, una tropa enemiga le tendió una celada y tras haberse defendido con su revólver, única arma que portaba el Padre de la Patria, fue herido de muerte y cayó en un barranco.

Aquella guerra duró 10 años. El 10 de febrero de 1878, jefes revolucionarios firmaron el Pacto del Zanjón con las autoridades militares españolas, excepto Antonio Maceo que con la célebre Protesta de Baraguá expresó el desacuerdo con aquella paz que no significaba la independencia de Cuba, y continuó la lucha armada.

Cabe añadir como colofón al tema que las tres

guerras de independencia de Cuba del siglo XIX la presencia canaria se hizo sentir. Más de 600 isleños participaron y un grupo alcanzó el grado de general. Algunos cayeron luchando heroicamente junto a los mambises.

Al combate corred Bayameses, que la patria os contempla orgullosa. / No temáis una muerte gloriosa / que morir por la patria ¡es vivir! / En cadenas vivir, es vivir, / en afrenta y oprobio sumidos. / Del clarín escuchad el sonido, ¡a las armas valientes corred! (Letra del Himno Nacional de Cuba, escrita por Perucho Figueredo en 1868).

El más execrable crimen

El crimen más repugnante cometido por el régimen colonial en Cuba ocurrió en 1871, cuando en la tarde del 27 de noviembre fueron fusilados ocho estudiantes de medicina, en la explanada del Castillo de la Punta, La Habana. Injustamente 45 alumnos del primer año de medicina fueron acusados de haber profanado la tumba del periodista español Gonzalo de Castañón. Denunciados los inocentes, se presentó el represivo Cuerpo de Voluntarios. Y tras ser sometidos a juicio, ocho alumnos fueron fusilados, once pasaron seis años en prisión, veinte sufrieron cárcel por cuatro años (entre quienes hubo tres descendientes de canarios), y cuatro sufrieron 6 meses de prisión (uno había nacido en Tenerife). Solo dos fueron absueltos.

Los jóvenes condenados a 6 meses de prisión, de origen canario o descendientes de estos se nombraban: Eduardo Tacoronte Hernández; Teodoro L. de la Cerra Dieppa; José Manuel Ramírez Tovar y Mateo Frías Quintana.

Otros dos canarios tuvieron participación en esos hechos. Se trata de los ilustres: el abogado, poeta, periodista y militar Nicolás Estévanez Murphy, y el profesor y catedrático, el Dr. Domingo Fernández Cubas.

Tras oír la descarga de los fusiles, Nicolás Estévanez expresó su vergüenza e ira. *Antes que la patria, están la unidad y la justicia,* fue su viril respuesta, y en la acera del Louvre, no obstante su condición de militar español manifestó su oposición a tal crimen. Este digno hombre nació en La Palma de Gran Canaria y falleció en París en1914,

Una la placa colocada en 1937 en una pared del hotel Inglaterra, frente a la acera de El Louvre, La Habana, Prado y San Rafael, recuerda la viril actitud del oficial canario con la siguiente leyenda:

> *En esta acera del Louvre, el 27 de noviembre de 1871, siendo capitán del Ejército Español, dio ejemplo excepcional de dignidad, valor y civismo, al protestar públicamente contra el fusilamiento de los ocho inocentes estudiantes cubanos inmolados, aquel día por los voluntarios españoles de La Habana. Abandonó la Isla, renunció a su carrera, se negó a reingresar en la milicia, fue en tiempos de la primera República española diputado y Ministro de la Guerra, y jamás se arrepintió de aquella su nobilísima actitud, pues para él "antes que la patria están la humanidad y la justicia".*
>
> *Cubanos y españoles ofrenda a la memoria*

del esclarecido republicano, hijo de las Islas Canarias, este homenaje en testimonio de respeto y admiración, a 27 de noviembre de 1937.

Estévanez de niño vivió en Tenerife. Se Licenció en Derecho; ostentó la Cruz Laureada de San Fernando, y por su carrera militar fue destacado en Santo Domingo y Puerto Rico. En el gobierno de Pi y Magall, ocupó el cargo de Ministro de Guerra de España y Gobernador Civil de Madrid. Residió en Cuba en varias oportunidades. Con reiteración, en su vasta obra aparece el amor por Cuba tanto en la prosa como en poesía. Del poema titulado *Cuba* es el fragmento que ofrecemos*: Entre dos continentes / la arrulla un mar / de transparencia azul, / que causa envidia / al cielo equinoccial.*

Mientras el prestigioso médico y profesor Fernández Cuba, implicado en la causa del 27 de Noviembre como anteriormente expresamos, había nacido en la Gomera, 1831, y desde los 21 años de edad residió en Cuba. Fue director Anatómico de la Universidad de La Habana y del Hospital de San Juan de Dios. Ejerció la medicina en Güira de Melena y por su destacada labor recibió en 1870 la Real Cruz de Beneficencia. Años después, fue nombrado Catedrático de Patología Médica de la Universidad de La Habana, y obtuvo el grado de Doctor en Medicina y Cirugía. Además, por sus méritos, militó en las filas de la Real Academia de Ciencias Médicas, Físicas y Naturales de Cuba.

Ya están contentos. Son ocho los fusilados, y será eterna la vergüenza para mi España, expresó lleno de indignación Domingo Fernández Cuba a la autoridad militar que presidió el consejo de la sentencia. Fue encarcelado junto con sus alumnos de medicina y murió en la capital cubana el 11 de junio de 1906. Por iniciativa de Fermín Valdés Domínguez (entrañable amigo de José Martí), sus restos se hallan en el monumento fúnebre de los ocho estudiantes, en el Cementerio de Colón de La Habana,

Abundante información sobre cada uno de los isleños mencionados que repudiaron el crimen del 27 de noviembre de 1871, así como de los estudiantes canarios o descendientes de estos que sufrieron prisión, se halla en el texto *Los canarios y las luchas emancipadores y sociales en Cuba,* de Alfredo Martín Fadragas, historiador e investigador en particular de la emigración canaria a Cuba.

Los ocho estudiantes de medicina fusilados fueron: Alonso Álvarez de la Campa, Anacleto Bermúdez, José de Marcos Medina, Ángel Laborde, Pascual Rodríguez, Augusto de la Torre, Carlos Verdugo y Eladio González.

En memoria de los estudiantes, cuando se cumplió el primer aniversario del fusilamiento, José Martí les dedicó el poema: *A mis hermanos muertos el 27 de noviembre.* He aquí un fragmento:

> *¡Y más que un mundo, más! Cuando se muere / En brazos de la patria agradecida, / La muerte acaba, la prisión se rompe; / ¡Empieza, al fin, con el morir, la vida!*

EL APÓSTOL

El más universal de los cubanos, José Julián Martí Pérez, Apóstol de la independencia y Héroe Nacional de Cuba, es la figura cimera y organizadora de la Guerra Necesaria, iniciada en 1895. Hijo de la tinerfeña Leonor Pérez y del valenciano Mariano Martí.

Pero mientras haya obra que hacer, un hombre entero no tiene derecho a reposar. Preste cada hombre, sin que nadie lo regañe, el servicio que lleve en sí. ¿Y de quien aprendí yo mi entereza y mi rebeldía, o de quién pude heredarla, sino de mi padre y de mi madre? Escribió Martí sobre la herencia valenciana y canaria que recibió de don Mariano y de doña Leonor.

Leonor Antonia de la Concepción Micaela Pérez Cabrera, hermosa e inteligente canaria, había nacido el 17 de diciembre de 1828 en Santa Cruz de Tenerife. Don Mariano de los Santos Martí y Navarro, nació en Valencia el 31 de octubre de 1815. Leonor y Mariano se conocieron en La Habana, presuntamente, en un baile celebrado en el salón Escauriza. Se casaron en la iglesia de Nuestra Señora de Monserrate de Ciudad de La Habana, el 7 de febrero de 1852. Ella tenía 24 años de edad y él, 37.

El matrimonio Martí Pérez alquiló la planta alta de la casa marcada con el No. 41 (hoy con el No. 314), en la calle Paula, actualmente se llama Leonor Pérez. El inmueble fue construido a inicios del siglo XIX y el espacio ocupado por ellos constaba de dos grandes habitaciones y un estrecho balcón convertido en cocina. De esta amorosa unión, nace el primer hijo y único varón: José Julián Martí Pérez. Después y en el curso de once años, nacerían siete muchachas.

Pepe, como lo llama la familia, dedica las primeras poesías a Cuba, la madre y hermanas. En el cumpleaños 48 de Leonor, escribe: *Madre del alma, madre querida. Son tus natales quiero cantar... A Dios le pido constantemente, para mis padres vida inmortal.* Tres años más tarde, reclama: *Ámame, ámame siempre, madre mía.*

La inquebrantable voluntad de Pepe por el deber de la patria y su *creciente y necesaria agonía, el recuerdo de mi madre...,* nunca dejó de atormentar y desvelar a Leonor. Ella quería a su hijo idolatrado fuera de peligro y al lado de la familia; y por eso son las suplicas en casi todas sus cartas. El 9 de agosto de 1881, con líneas desgarradoras, le advierte:"*...te acordarás de los que desde niño te estoy diciendo, que todo el que se mete a redentor sale crucificado, y que los peores enemigos son los de tu misma raza, y te lo vuelvo a decir, mientras tú no puedas alejarte de todo lo que sea política y periodismo, no tendrás un día de tranquilidad".*

Al término de la guerra de independencia y en medio de la intervención militar estadounidense en Cuba, Leonor, viuda, madre del Apóstol de la Independencia y en extrema pobreza, con 72 años de edad, pidió un trabajo y obtuvo el puesto de Oficial 3ro., en la Secretaría de Agricultura, Comercio y Obras Públicas, el 9 de enero de 1900, por el salario de ochenta y tres pesos con treinta y tres centavos al mes. En la capital cubana murió la tinerfeña, el 19 de junio de 1907, a los 79 años de edad. Sus restos se hallan en el Cementerio de Colón, en

La Habana , en una tumba de mármol blanco, próxima a la entrada principal, donde también se encuentran los de Mariano, fallecido el 2 de febrero de 1887, a los 72 años.

José Martí cursaba el tercero de bachillerato, cuando a los 17 años de edad sufrió prisión. Fue obligado al trabajo forzado, con grilletes y cadena que lastimaron su cuerpo, acarreando piedras durante 12 horas diarias en las canteras de San Lázaro, rasurado, vestido con traje de prisionero, y el número 113 de la Primera Brigada de Blancos. De esta forma, se hizo una foto que envió a la madre con la siguiente dedicatoria al dorso:

Mírame, madre, y por tu amor no llores:
Si esclavo de mi edad y mis doctrinas,
Tu mártir corazón llené de espinas,
Piensa que nacen entre espinas flores.

En toda la extensa obra martiana hay numerosas referencias de amor a la mujer que trajo al mundo al Héroe Nacional de Cuba. *Yugo y Estrella*, poema de lirismo y sentencia patriótica, concluye de este modo:

Dame el yugo, oh mi madre, de manera
Que puesto en él de pie, luzca en mi frente
Mejor la estrella que ilumina y mata.

En carta a Manuel Mercado con fecha 30 de marzo de 1871, confiesa: *Mi madre tiene grandezas y la amo. Ud. Lo sabe honradamente, pero no me perdona mi salvaje independencia, mi brusca in-*

flexibilidad, ni mis opiniones sobre Cuba. (...) Me aflige pero no me tuerce el camino. Sea por Dios.

José Martí Pérez nació en La Habana el 28 de enero de 1853 y murió en el combate de Dos Ríos, el 19 de mayo de 1895. Su ideario revolucionario trascendió el ámbito de su patria. Creó el Partido Revolucionario Cubano; se distinguió como poeta, ensayista, diplomático y periodista. A él se le debe la renovación de las letras hispanas a finales del siglo XIX.

Cuando en 1873 estudiaba Derecho y Filosofía escribió *La República Española ante la Revolución cubana.* Fundó el periódico *Patria,* donde en el artículo *Los isleños en Cuba,* publicado el 27 de agosto de 1892, pregunta: *¿Qué ha de hacer, un isleño que padece de dolor de hombre, que no tiene en su tierra nativa donde alzar la cabeza, ni donde tender los brazos?* Y utiliza los calificativos de *bravos canarios, guanches de hierro*, para hacer otra pregunta: *¿quién que peleó en Cuba, donde quiera que pelease, no recuerda al héroe isleño?*

De su más brillante obra literaria son los textos: Abdala; Escenas Norteamericanas; Nuestra América; Versos Libres; Versos Sencillos, La Edad de Oro, El Presidio Político en Cuba, Ismaelillo, así como numerosos artículos y crónicas periodísticas, publicados en importantes diarios y revistas del continente americano. Es impresionante y profundo su amplio epistolario.

Horas antes de caer, José Martí escribió a su amigo mexicano, Manuel Mercado, y le confesó que todo, lo que hasta el momento había hecho, era para impedir que los Estados Unidos cayeran con una fuerza más sobre nuestras tierras americanas.

Martí partió hacia la independencia de Cuba llevando en la mente y el corazón las imágenes de la madre y el hijo. Conocía los peligros y la muerte que le asecharían. Se despidió de la madre:

> *Madre Mía:*
> *Hoy, 25 de marzo, en víspera de un largo viaje, estoy pensando en Ud. Yo sin cesar pienso en Ud. Ud. Se duele en la cólera de su amor, del sacrificio de mi vida; y ¿por qué nací de Ud. con una vida que ama el sacrificio? Palabras, no puedo. El deber de un hombre está allí donde es más útil. Pero conmigo va siempre, en mi creciente y necesaria agonía, el recuerdo de mi madre (...) Ahora, bendígame, y crea que jamás saldrá de mi corazón obra sin piedad y sin limpieza. La bendición.*
> *Su*
> *J. Martí.*

También se despidió del hijo, su *Ismaelillo,* José Francisco Martí Zayas Bazán, quien muy joven, con 17 años de edad y tras la muerte del padre se incorporó a la Guerra de Independencia y le llamaron Pepito Martí.

> *Esta noche salgo para Cuba, salgo sin ti, cuando debieras estar a mi lado. Al salir, pienso en ti. Si desaparezco en el camino, recibirás con esta carta la leontina que usó en vida tu padre. Adiós. Sé justo.*
> *José Martí.*

Los generales canarios

La investigadora cubana Coralia Alonso en su estudio sobre la participación de los españoles en el Ejército Libertador de Cuba, 1895, y en correspondencia con los expedientes militares que obran en el Archivo Nacional, señala la presencia de 567 canarios.

Asimismo, decenas de soldados y oficiales isleños que lucharon por Cuba en las tres guerras de independencia, no aparecen registrados en los archivos con motivo de que no existen los documentos y expedientes acreditativos. Solo se cuenta con la difusión oral que hicieron los veteranos de aquellas luchas emancipadoras. Por la razón mencionada, hasta el momento se ha verificado solamente de la Guerra Necesaria, 1895, un significativo número de isleños que alcanzó grados de oficiales en el Ejército Libertador. Entre ellos: cuatro fueron ascendidos al grado de general, sin olvidar que cinco hijos de canarios y cubanas también ostentaron la mencionada jerarquía militar.

Tenerife y La Palma son las islas de procedencia de algunos generales isleños, entre ellos: Manuel Suárez Delgado, quien por relevantes méritos combativos fue ascendido a Mayor General del Ejército Libertador y fue nombrado Jefe del Tercer Cuerpo de Ejército, libró su primer combate con el grado de coronel en 1869; había nacido el 20 de junio de 1837 en Santa Cruz de Tenerife y murió en Camagüey el 3 de enero de 1917, alejado de la política y distinguido por su honestidad y entrega al trabajo.

Matías Vega Alemán, nació el 24 de febrero de

1841, en La Palma, Canarias y en Cuba se incorporó a la lucha por su independencia en 1868, durante la cual alcanzó el grado de coronel y posteriormente, en la Guerra Necesaria, 1895, fue ascendido primero a General de Brigada y después a General de División; falleció en Santiago de Cuba el 14 de junio 1905. Durante la República, fue fundador el Partido Moderado, mientras se dedicaba a la actividad comercial. Trabajó en la construcción del ferrocarril central de la Isla, y más tarde, se dedicó a la minería.

Otro canario que ostentó grado de general fue Julián Santana Santana (apellidos adoptados en la Casa de Beneficencia y Maternidad donde pasó su infancia), nacido en Islas Canarias el 9 de enero de 1830, fue ascendido a General de Brigada el 20 de noviembre de 1895 y se licenció cuando se produjo la intervención militar yanqui en 1898, murió en Cuba el 31 de julio de 1931, a los 101 años de edad. Participó en las tres guerras por la independencia de Cuba. Durante la República se alejó de la política y se dedicó a las labores agrícolas en su finca de las Tunas, donde hoy una calle lleva su nombre.

En el título *Almas sin Fronteras,* el autor René González Barrios, investigador sobre la participación de los extranjeros en el ejército libertador de Cuba, señala: *En las luchas por* nuestra *independencia, en el siglo XIX, miles de hombres de más de cuarenta países combatieron junto al pueblo cubano e integraron las filas del Ejército Libertador.* Y, resalta que entre los de origen español, caídos en la guerra de 1895, el 42,24 por ciento era canario. [23].

Seguidamente, relaciona los nombres de nueve isleños que ostentaron grados de alta oficialidad: cuatro coroneles y cinco a comandantes. Entre ellos: Jacinto Hernández Vargas llegó a Cuba para reunirse con los padres en San Antonio de las Vegas, cuando apenas tenía 12 años de edad, nacido el 12 de mayo de 1865 en Tenerife, junto con su hermano Faustino (quien cayó en un combate, brutalmente macheteado por una guerrilla) se incorporó en 1895 al Ejército Libertador y primero fue ascendido, 1896, a teniente coronel, después a coronel el 26 de julio de 1897, y el 19 de junio de 1898 a General de Brigada. Falleció en San Antonio de las Vegas, La Habana, el 8 de mayo de 1951.

Hijos de padres canarios (madre, padre o de ambos), se ha encontrado en los archivos de Cuba una impresionante participación en las tres guerras de independencia. Tales son los nombres del Brigadier José González Guerra; los hermanos Salvador y Ramón Hernández Ríos, Mayor General y General de Brigada, respectivamente, así como los hermanos Capote Sosa: Mayor General José Manuel y Coronel Gonzalo, entre otros más que ostentaron altos grados militares o fueron simplemente soldados.

Borrados de la gloria combativa mambisa fueron el canario y General de Brigada Bruno Vicente Báez y su hijo. Los dos fueron fusilados por haber asesinado a dos sacerdotes y 10 comerciantes españoles sin la celebración de juicio. En tanto Ge-

(23) René González Barrios, autor de Almas sin Fronteras, referencias biográficas sobre los cuatro generales canarios en las páginas: desde la 151 hasta la 161).

rardo Machado Morales, hijo de padre canario, obtuvo el grado de general en la Guerra de 1895. Durante la República fue presidente en dos ocasiones, en el segundo mandato lo hizo pidiendo una prórroga (ocupó la silla presidencial primero en 1925 y después en 1929), caracterizado como uno de los mandatarios más asesinos de Cuba, fue llamado asno con garras. Derrotado en 1933 por la presión del pueblo y la fuerza revolucionaria, huyó del país y murió en el exilio 1939.

En 1898 a un paso de Cuba proclamarse independiente, se produjo la intervención militar estadounidense en la guerra de liberación nacional contra los colonialistas españoles.

Firmada la paz en París entre Estados Unidos y España, sin la presencia cubana, adquirió Cuba la condición de neocolonia de los EE.UU. El gobierno estadounidense decretó en Cuba la libre circulación de la moneda norteamericana y devaluó las dos que circulaban, tanto la francesa como la española. Así y para la asunción del poder militar interventor, llegó a la Isla el general John R. Brooke, acompañado de empresarios, colonos, negociantes y especuladores. Ante la prepotencia del Norte, de nada valieron las voces de protesta de un grupo de independentistas cubanos.

Fue así cómo se inició el trágico período de República. Su primera constitución llevó el apéndice de la Enmienda Platt que otorgó al gobierno de los Estados Unidos el derecho de intervenir en los asuntos de la soberanía cubana. Y por todo ello, el destino de Cuba había pasado de Madrid a Washington.

Nuevamente y durante el período republicano, los canarios junto con los cubanos derramarían la sangre por la reivindicación de sus derechos y en aras del bienestar social, económico, espiritual y político de Cuba, entre 1902 y 1959. De ahí la fuerte impronta isleña en todos los sucesos más cruciales de la historia cubana.

Una de las raíces más fértiles que alimentó al frondoso árbol de la nación cubana, fue la inmigración canaria. Y a pesar de los siglos transcurridos y de la mezcla de elementos disímiles, esa fecundidad renueva cada día sus rasgos esenciales, su vitalidad y frescura. (Observación del historiador y escritor José Cantón Navarro, Premio Nacional de Historia, de ascendencia canaria).

El machete en la historia

Entre los más antiguos aperos de labranza de Cuba se encuentra el machete, traído por los canarios a partir del siglo XVI y por eso forma parte del aporte isleño a la cultura material cubana. Es el arma blanca que devino en símbolo de la nación porque sirvió en las guerras de independencia. Muchos antes, en 1762, el machete fue usado por la resistencia española y criolla contra los invasores ingleses. Cuenta que el regidor de Guanabacoa, Pepe Antonio, instó a su tropa compuesta entre otros hombres por canarios a empuñar el machete contra los soldados ingleses, mientras él daba el ejemplo blandiendo el suyo con gran destreza.

Fue, precisamente, en la villa habanera de Guanabacoa donde herreros toledanos forjaron con acero (transportado a Cuba por los canarios) los primeros machetes de la Isla, que por su calidad gozaron de gran fama. Así en el siglo XVIII, campesinos criollos y canarios, muy diestros en el manejo de esta herramienta, organizaron los llamados juegos del machete, donde los contendientes mostraban habilidades esgrimísticas.

El Ejército Libertador de Cuba empleó el machete como su principal arma contra las tropas españolas en las tres contiendas de liberación. El 10 de octubre de 1868, fecha del inicio de la guerra de los diez años, los independentistas lo portaron con audacia, ante el grito ¡Al machete! dado por el sargento de origen dominicano Máximo Gómez, quien luego sería ascendido a General en Jefe del Ejército Libertador de Cuba.

Esta fue la primera llamada carga al machete, protagonizada por las huestes criollas el 26 de octubre de 1868. El filo de tal arma fue decisiva en las posteriores campañas libertarias, así lo reconoció el general Antonio Maceo: *La libertad no se mendiga, se conquista con el filo del machete.*

El estribillo de un trovador cubano de nuestros días reafirma cómo esta herramienta traída por los canarios a tierras cubanas es fuente, para siempre, de inspiración de poetas y cantores, ofrecemos el hermoso fragmento:

Con el machete en la mano
tengo un poder soberano
que en la mañana le canta
a la sabana y a mi bandera cubana

En la actualidad los trabajadores cubanos continúan empleando el machete en el corte de la dulce gramínea y en otras muchas labores agrícolas. No por simple capricho, en la figura dibujada de un campesino cubano nunca faltan el sombrero de yarey y el machete que porta enfundado en la cintura.

Cada tiempo tiene su voz. Cada nave al partir de Canarias trajo consigo el profundo legado de sus hijos, el cual ha pervivido con celo en las más nobles concepciones de sus descendientes nacidos allende los mares. (Pensamiento del poeta, narrador e investigador literario, Rafael Orta Amaro, mentor de los Juegos Florales de la Asociación Canaria Leonor Pérez Cabrera).

La diáspora canaria del XX

La mayor colonia española

Amaneció el siglo XX. El 20 de mayo de 1902, fue proclamada la República de Cuba, bajo una constitución que llevó el apéndice o enmienda Prats, lo cual dio derecho al gobierno de Washington para continuar su intromisión en los asuntos internos del país. La República se iniciaba con el territorio arrasado por la guerra y por ello, con una economía empobrecida.

Cuba, nunca dejaría de estar envuelta en huelgas, protestas y violencias políticas, incluidos asaltos e intentos de sublevación y guerritas como la de agosto de 1906, que motivó al entonces presidente Estrada Palma solicitar la intervención del gobierno estadounidense, lo cual quedaría registrado en la historia del siglo XX como la segunda ocupación yanqui de la isla.

El 29 de septiembre de 1906, el secretario de Guerra de los Estados Unidos, William H. Taft asumió las funciones de gobernador de Cuba, cargo que desempeñaría meses después Charles E. Magoon hasta 1909. Sobre la Isla volverían a ceñirse los oscuros designios del desempleo, el terror, el crimen, la desesperación social y económica. Sin embargo, la desfavorable situación interna, la Perla de las Antillas continuó la condición de válvula de escape para la emigración española, que se evadía del servicio militar y la guerra de Marruecos. No es de extrañar que a principios del nuevo siglo los canarios constituyeran la mayor colonia española radicada en Cuba.

Entretanto, en el ritmo de la economía cubana los monopolios estadounidenses incidían con el aumento de las inversiones en las principales ramas. Con precios irrisorios las compañías compraron grandes extensiones de tierra, lo cual tuvo, como uno de sus efectos, que en el primer decenio del siglo XX la tercera parte del terreno productivo se hallaba administrados por norteamericanos. En tales propiedades trabajaron numerosos canarios en calidad de mano de obra barata.

En 1905 eran propiedad estadounidense: 29 ingenios, y tan solo en un año (1902-1903), empresarios de EE.UU. ejercieron el control del 90 por ciento de las exportaciones de tabacos y cigarros cubanos. Mientras en la provincia de Oriente dominaban el 80 por ciento de las exportaciones de minerales. Y las nuevas fuentes de trabajo continuaron atrayendo a la emigración española. Se calcula que a partir de 1912 y hasta 1917, en Cuba residían unos 204 211 hijos de la Madre Patria, por lo cual ocupó el primer lugar entre los países preferidos por los inmigrantes, seguida por Argentina, Brasil y Venezuela. Entre 1916 y 1930 llegaron a la Isla más de 137 mil españoles, que en mayoría procedían de Galicia, Asturias y Canarias.

Por otra parte, tuvo lugar, entre 1909 y 1925, la consolidación del dominio estadounidense en la economía de Cuba, que impulsaría el desarrollo ulterior burgués latifundista de la República hasta

1959. Fue larga etapa donde predominaron las huelgas y luchas sociales de los obreros cubanos con la participación de isleños, y entre los más destacados en aquellas luchas, figuraron: Miguel Pérez Pérez, Álvaro Antonio Cano Martín, Secundino Guerra, Diego González Martín, Benito Rodríguez Pérez y Simón Martín Ortega.

Ya para mediado de esta centuria había aumentado el número de isleños que se dedicaron al comercio de víveres y al llamado detallista. Un grupo logró hacer fortuna. Se trata de los propietarios de ingenios, bancos, fábricas y presidentes de empresas, tema que más adelante se aborda con mayor amplitud. En especial y por dificultades con el trasporte de navegación, la presencia del inmigrante canario en Cuba decreció durante la primera Guerra Mundial. Años después el gobierno de turno prácticamente obligo el regreso de miles de españoles hacia la tierra natal.

No obstante, en 1946 el gobierno de España puso en vigor el Reglamento de Emigración que incentivó un gran éxodo isleño hacia Cuba y Venezuela. Por esa fecha llegaron a los puertos cubanos viajeros clandestinos procedentes de Canarias. Tal es la anécdota del isleño, Andrea Gritti, que subió a una nave bajo el camuflaje de vendedor de verduras: *Pero a La Habana llegué sin verduras y como polizonte*, dijo a un paisano al desembarcar

Canarios y cubanos continuaron mezclando sus sangres en el entrañable vínculo familiar y pese a la propia condición isleña, el cubano del siglo XX también continuó llamando cariñosamente isleño al canario y no gallego, como todavía le dice a todo hijo de España, independientemente de su región de origen. Unos y otros son afables, nobles, alegres, solidarios, inteligentes, y rebeldes ante la injusticia. Además, son dados a la broma, al llamado choteo, y de ahí las caricaturas del *come gofio* en la prensa de los años 40 y 50, la cual identificaba al canario o cubano que sin recurso financiero, aspiraba obtener una alta posición económica o política u otra responsabilidad en la sociedad. Pues, el gofio era el alimento común de los pobres.

Del habla popular de los isleños, los cubanos aprendieron a decir: *mi gente* por mi familia; *cartucho* por la bolsa de los mandados; *maña* por gesto repetido; *fósforo* por cerilla de fuego; *salcocho* por comida ablandada; *baldear* por limpiar la casa con abundante agua; *velorio* por velar al muerto; *echársela* por una relación sexual; *pescuezo* por cuello, *brillantina de cabello* por pelo con aceite, y *raspadura* por el dulce de azúcar prieta con textura muy dura. Casi todas estas palabras continúan en el uso popular del cubano de hoy, así como la superstición del mal de ojo.

Los isleños no sólo han mezclado su idiosincrasia con la cubana, pues ellos primero nutrieron con sabiduría, sacrificio y amor la alborada de esta nación, y continúan así en la contemporaneidad. Resulta muy fuerte la influencia de los hijos de Canarias en toda la sociedad cubana, fundamentalmente en el pensamiento y la cultura.

Van deshaciendo mis manos / El pabellón que levanto; / Apago, lívido, el llanto / Con el fulgor de tus manos. (Fragmento de Gil Toribio. Versos del buen querer. Autor: Raúl Luis, poeta, narrador y editor; nieto de canarios).

LOS POBLADORES ISLEÑOS DEL SIGLO XX

Los nuevos contingentes canarios llegados a Cuba en el siglo XX aumentaron la poblacional del país, distribuidos por todo el territorio. Eran en mayoría oriundos de Gran Canaria; Tenerife y La Palma. Hasta 1920, encontramos muchos moradores en las provincias de La Habana, Pinar del Río, Villa Clara, Camagüey y la entonces Oriente.

Sobre todo, creció la presencia canaria en ciudades cabeceras, municipios y pueblos donde vivían desde hacía mucho tiempo numerosas familias isleño-cubanas como Cabaigúan, Taguasco, San Juan y Martínez, Candelaria, Quemado de Güines, Colón, Jovellanos, Rancho Veloz, Caimito, Vereda Nueva, Cabezas, Santiago de las Vegas, Bejucal, La Salud Ceiba Mocha, Bolondrón, Caimito, San Antonio de los Baños, Unión de Reyes, Cotorro, Bauta, Jatibonico, Güira de Melena, Cruces, Manzanillo, Palma Soriano y en el lomerío de la Sierra Maestra. En las aludidas ciudades profusos comercios, como bodegas, carnicerías, café y tiendas, llevaron los nombres de los lugares de origen de los dueños: Telde, Las Afortunadas, Tenerife, Lanzarote, Las Palmas, Acentejo, La Gomera, Gran Canaria, El Hierro, La Laguna, Breña Baja, Valverde, Santa Cruz, e Islas Canarias.

A la provincia de Sancti Spíritus pertenece hoy el municipio de Cabaigúan, ubicado en el centro de Cuba y a 360 kilómetros de La Habana, donde más del 80 por ciento de la población desciende de canarios, lo cual y como se ha reiterado, a esta ciudad la denominen la capital de los canarios. Algunos isleños alcanzaron riquezas en Cabaigúan, donde fueron dueños del 60 por ciento de la industria tabacalera, el comercio, la actividad mercantil y la banca. Hasta 1959, los canarios fueron dueños de 63 establecimientos: bodegas, tiendas de ropa, carnicerías, carpinterías y fábricas de tabaco para la venta en el exterior.

La mayor tienda de la mencionada ciudad, "Las Canarias", perteneció a Eulogio Crespo Guerra, dueño además del "Banco Crespo" (con sucursales en Placetas, Yaguajay y Sancti Spíritus) y del terreno y algunas casas del Reparto Canarias, mientras que Nazario y Gil Calderón tenía la célebre bodega donde se vendía productos traídos de Canarias. Por su calidad y servicio fue famosa la relojería "La Suiza" de Antonio Expósito, así como la farmacia de José Prieto, la zapatería de Raimundo Lorenzo y el almacén para la venta de maderas, perteneciente a Guillermo y Ruperto Rodríguez. Además, varios hoteles y fondas tuvieron dueños canarios hasta 1960. Mientras que Ramón Capirot era propietario del teatro Capirot". Además, la planta eléctrica de Cabaigúan fue fundada en 1912 por Abraham Martín, quien le extendió los servicios hasta Zaza del Medio.

La historia nos dice que alrededor de 5 familias canarias vivían en la zona de Cabaigúan cuando, en 1806, fue fundada la villa. En lo adelante, su crecimiento continuaría aumentado con moradores isleños, entre ellos soldados que participaron en las tres guerras de Cuba, acaecidas en el siglo XIX, y trabajadores en la construcción del ferrocarril Habana-Santa Clara, en 1873. La ciudad creció tanto que ya en 1907 contaba con 6 027 habitantes.

En todos las mencionadas regiones y pueblos la influencia de los inmigrantes se hizo sentir y los cubanos incorporaron y ampliaron la comunicación con más palabras usadas popularmente en Canarias, entre ellas: *cogioca, desguañingar, gandinga, ñafiar.* Además, ellos trajeron a Cuba la piedra de purificar el agua, y la canción de cuna, anónima:

Arrorró mi niño.

Arrorró mi niño
Arrorró mi sol.
Todo de pedazo
De mi corazón.

Arrorró mi corazón
Arrorró mi amor
Arrorró prenda
de mi corazón.

Alrededor de 1920, arribaron a Cuba grupos de comerciantes, clérigos, artistas, catedráticos, periodistas, militares, médicos y abogados, así como carpinteros y alarifes, que dejaron sus sellos en las puertas, ventanas, aleros y patios de las casas, sobre todo, de la Habana. Mientras en los retablos de las iglesias de Canarias fueron talladas frutas de Cuba: mamey, piñas, frutabomba o papaya, racimos de plátanos, aguacate y pencas u hojas de la palma real.

La enorme crecida isleña contribuyó –como sucedió en el siglo pasado-, a la proliferación de sus asociaciones a todo lo largo y ancho de Cuba. Fueron creados el Ateneo Canario; el Canario Sport Club, y los liceos de La Habana, Cienfuegos y Zaza del Medio. Y no es posible hablar en Cuba del desarrollo de las letras, ciencia, música y arte sin el aporte de la esencia canaria. Además, en el siglo pasado los canarios fundaron periódicos y revistas; se destacaron en el ejercicio del magisterio e integraron el cuerpo de los excelentes catedráticos universitarios. Fueron numerosos los abogados con desempeño en la asesoría jurídica legal y económica de la Isla.

Por este diverso legado de siglos, la impronta canaria ha repercutido con fuerza en todas las esferas de la vida cubana. Especialmente, en el proceso de transculturación que caracterizó la formación del etnos-nación cubana y de una identidad cultural propia.

Cuando en un puerto de amor / al mundo desembarqué, / en vez de llorar canté / una tonada menor. / Mi infantil despertador / fue el guateque en el bohío; / a los ocho años, mi tío / se hizo mi fiel compañero / y su verso fue el primero / Que sacó a pasear el mío. (Fragmento de la décima *Herencia*, del poeta Raúl Herrera Pérez, El gigante de Remedios o Titán de la Décima y también llamado: El poeta del sombrero, descendiente de familia canaria por madre y padre).

LA QUINTA CANARIA

Entrevistado por la autora de este libro para *Bohemia*, 18 de octubre de 1991, el doctor Gregorio Delgado García, historiador médico del Ministerio de Salud Pública de Cuba, expresó que *la otrora Quinta Canaria formó parte de las agrupaciones fundadas en nuestro país por los peninsulares, las que a partir de la segunda mitad del siglo XIX fueron llamadas socorros mutuos, cada una distinguida con nombres en correspondencia con los lugares de origen de los fundadores y socios.*

Eran estas asociaciones de beneficencia, instrucción y recreo, multiplicadas después hasta la segunda mitad de la República, alrededor de 1950. La atención médica sanitaria donde primero se ofreció fue en la antigua Quinta del Rey, institución privada que se hallaba en la manzana habanera de Concha y Cristina. Los antecedentes de la Quinta Canaria se encuentran en los servicios de asistencia médica que proporcionaba la Asociación Canaria desde el año fundacional, cuando abrió un pabellón en la entonces Quinta del Rey. Después, 1911, ofreció la asistencia médica en un local situado en la Avenida Carlos III y en el consultorio habilitado en calle Prado 208.

Más adelante y en saludo al aniversario décimo de la Asociación Canaria, fue inaugurada la Casa de Salud Palacio de Carneado en las calles Calzada y J, Vedado. El edificio de tres plantas incluyó el servicio dental, una sala de cirugía, otra para curaciones, así como farmacia, laboratorio y 95 habitaciones para los ingresos. Fue construido junto al inmueble principal un pabellón para los ingresos de las personas con enfermedades contagiosas y otra sala exclusiva para los dementes. Esta Casa de Salud tuvo una capilla para la adoración de la virgen de la Candelaria y frente a ella fue creado un parque.

Como ascendió el número de los afiliados, 24 500, se pensó en ampliar los servicios y buscar otro inmueble. La iniciativa del proyecto para la construcción del nuevo sanatorio era un sueño del Dr. Domingo Amador, quien estaba seguro que obtendría la contribución de los asociados y de un grupo de hombres de negocios y de otras esferas financieras canarias.

Así fue comprada la finca La Mora con 337,000 metros cuadrados, en el kilómetro 7 de la Calzada de Bejucal, alturas de Arroyo Apolo, donde se edificó con catorce pabellones el Sanatorio Nuestra Señora de la Candelaria, popularmente llamado la Quinta Canaria. La inversión para la compra del terreno y las obras de construcción ascendió a unos ochocientos mil pesos.

Era el domingo 2 de febrero de 1919. Siete piedras, una por cada isla canaria, fueron depositadas en los cimientes del Sanatorio. Otra piedra, es decir la octava (tomada de la finca), fue guardada junto con el acta que autorizó la construcción del mencionado sanatorio. La primera piedra procedía de los canteros El Mirón en Gran Canaria. Antes de su colocación en el terreno, el periodista Luis Felipe Gómez Wangüemert depositó sobre ella un ramo de flores en nombre de los colegas de diferentes órganos de la prensa canaria en La Habana. También cubrió con rosas las restantes piedras en representación de toda la colonia isleña de Cuba.

Esta casa de Salud cobijará los hijos de todas las islas cuando estén enfermos (...) y ellos creerán que es Canarias quienes los cuida, velando angustiosa el sueño de sus hijos que saben honrar el nombre de la patria chica con el esfuerzo de sus brazos y laboriosidad. Párrafo tomado de un artículo publicado en la Revista Semanal Ilustrada

Canaria, 1 de febrero de 1919.

La ceremonia inició con la misa a cargo del presbítero canario José Viera Martí, quien bendijo la primera piedra, colocada en el ángulo sudeste, donde fue levantado el edificio de Administración. Allí también se enterró un arca de plomo que contenía monedas de oro y plata, periódicos de la fecha, copia del acta inaugural de los trabajos constructivos y el Reglamento General de la Asociación Canaria de Cuba. A continuación la Banda de Música Municipal interpretó los himnos nacionales de Cuba y España, seguidos por folias y cantos populares de Canarias. Aquel día se encontraban presentes los directivos de la Asociación Canaria, el Secretario de Sanidad, Dr. Fernando Capote, quien representó al entonces presidente de Cuba, Mario García Menocal; el Ministro de España, don Alfredo Mariátegu, y el Obispo de la Diócesis de La Habana, Monseñor Pedro González Estrada.

Entre los invitados figuraban los máximos directivos del Casino Español, Centro Asturiano, Centro Gallego, Centro Montañés, Centro Castellano, así como del comercio, la industria y la banca de Cuba; también intelectuales, periodistas y numerosos socios de la Asociación Canaria. Poco antes de concluir la ceremonia se anunció que el desmonte del terreno comenzaría el 28 de septiembre de 1918.

La construcción de la Quinta estuvo bajo la dirección del ingeniero honorario de la Asociación Canaria, Luis Dedit. La edificación de dos plantas y con portal alrededor, abarcó 4,810 metros cuadrados por 23.70 metros de ancho. El edificio incluyó dos halls, salas para reuniones, una biblioteca, locales de oficinas y archivos, así como un laboratorio, 4 consultorios, una capilla para la virgen de la

Candelaria y otras dependencias. En la planta alta estaban los dormitorios de médicos, enfermeras y empleados en general.

La Casa de Salud contó con un Cuerpo de Guardia y 9 pabellones, los que fueron identificados con nombres de ilustres canarios: Domingo León (P. Enfermedades Generales); Enrique Fortín, (P. Cirugía y Sala de Partos); Antonio Ortega (P. Medicina General y Maternidad); Antonio Pérez Pérez (P. Enfermedades de vías respiratorias); Dr. Alemán (P. Tratamiento vías respiratorias); Alejandro Bienes (P. Enfermedades Infecciosas); Cabrera Saavedra (P. Operados, Urología); Juan de la Rosa (P. Enfermedades Nerviosas y mentales) y Sixto Abreu (P. Hidroterapia, Laboratorio y Rayos X). Otro número de pabellones llevaron los nombres de los principales propulsores de la Asociación Canaria o de la Quinta: Domingo Fernández Cubas, Manuel Linares, Manuel Fernández Cabrera y Tomás Felipe Camacho. Al término de la edificación, la Quinta Canaria fue reconocida como una de las más importantes instituciones sanitarias construida en Cuba hasta 1965.

Por su lado, el destacado periodista y poeta, el canario Pablo Álvarez de Cañas había sufragado la edificación de la capilla de la Candelaria, en la Quinta Canaria. Y en esta ermita, la excelsa poetisa cubana Dulce María Loynaz y Pablo celebraron su boda, el 8 de diciembre de 1947. En cada aniversario, la pareja visitaba la virgen para celebrar una misa y colmar el altar de rosas, lirios y velas.

Era una copia fiel de la auténtica imagen de la

Candelaria que se venera en Canarias. Pablo encargó allá su talla al escultor Borges, y la hizo traer a Cuba para donarla a la capilla de la Quinta Canaria, en La Habana en el año 1934. Mirta (madre de la poetisa) *le regaló el nuevo traje y el mando en sus bodas de plata, y yo el rastrillo que le traje de Madrid.* (Fragmento de un testimonio de Dulce María Loynaz).

La imagen de la Candelaria descrita por la poetisa, permaneció 27 años en la capilla de la Quinta Canaria, pues en 1961 fue trasladada a la iglesia de los Pasionistas en la Calzada de 10 de Octubre. Luego, en 1979 la virgen isleña fue ubicada en la iglesia de Santo Domingo en Guanabacoa hasta que quince años más tarde, fue devuelta a la otrora Quinta Canaria, en ocasión de una romería efectuada frente a las puertas de la capilla. Concluida la fiesta la encerraron en un closet, de donde salió la Candelaria en 1997 para hacer su entrada triunfal y permanecer en la iglesia de Santa Bárbara en la barriada de Párraga.

En 1960, la Quinta Canaria fue intervenida, y de manera gratuita sus servicios pasaron a disposición de la colonia isleña y de la población cubana. Y por tal motivo parte de los directivos de la Quinta emigró; algunos de ellos se establecieron en la Florida.

Teníamos que pagar una cuota mensual si querías ser atendido en la Quinta Canaria, pero lo hacíamos con gusto porque allí la atención médica era muy esmerada. Todo estaba higiénico y el trato era estupendo. Pero, no todos tenían la plata para el abono. Usted sabe, la vida del pobre es un cachumbambé, a veces no teníamos ni para comprar el pan. Fueron tiempos de incertidumbre política y mucho desempleo. (Entrevista efectuada por la autora de este libro a Paco Cabrera, en 1998)

En el decenio de 1960, todas las instituciones canarias en Cuba desaparecieron. En 1992 se fundó la Asociación Canaria de Cuba *Leonor Pérez Cabrera*, cuya historia y propósito ocupan espacio en páginas siguientes.

LA CANDELARIA

Envueltas en leyendas y el amor de los pueblos canario y cubano, se hallan dos vírgenes marianas: Candelaria y Caridad del Cobre, patronas respectivamente de Canarias y Cuba. De acuerdo con una leyenda, el hallazgo de la Candelaria sucedió en el año 1392 y en 1446 los primitivos guanches la trasladaron a la Cueva de San Blas. Años después, fue ubicada en el templo construido por Alonso de Lugo, conquistador de Tenerife.

Pero de esta ermita desapareció la imagen original el 7 de noviembre de 1825, cuando se desató una tormenta, con mucha lluvia y viento, y dicen que el mar penetró en el pequeño templo y se la llevó. Actualmente, en la Basílica de la Candelaria, Tenerife, se adora la santa de color moreno, tallada en madera por el escultor tinerfeño Fernando Estévez.

En el libro de fray Alonso Espinosa, impreso en Sevilla en 1594, se destaca el origen y milagros de la Santa Imagen de Nuestra Señora de Candelaria, aparecida en la Isla de Tenerife y venerada en el Santuario de Candelaria a partir del 25 de octubre de 1590. Señala el texto que el nombre Candelaria se debe al cabo de vela verde portado en una mano y por ser símbolo de luminarias y fuegos, su principal ceremonia es la purificación.

Con el paso del tiempo a la Candelaria o virgen de la Candela, patrona también de la provincia cubana de Camagüey, la llaman en las ocho islas, indistintamente, Capitana Dolorosa y Generala de las Isla Canarias, debido a la vara de mando que tiene la virgen en su mano derecha. Tanto en Canarias como en Cuba los feligreses le festejan el santoral el 2 de febrero, día en que aseguran tiene lugar la purificación de Nuestra Señora de la Candelaria. Es la oportunidad divina para encender velas e inciensos y cortarse el pelo, las uñas y podar las plantas ornamentales, para que todo crezca con mayor fuerza y lozanía.

Cuentan que desde hace más de 400 años, la Candelaria conquistó el corazón de los guanches. Por eso cuando muchos embarcaron hacia Cuba durante la época colonial, trajeron la fe cifrada en esta virgen, y fundaron pueblos a los cuales pusieron el nombre de Candelaria. Desde el siglo XVI ella es adorada por canarios y cubanos que le celebran dos fechas: 2 de febrero y 13 de agosto.

Coincidencia o no, cierto es que la villa de Santa María de Puerto Príncipe fue fundada el 2 de febrero (en 1514), día de la conmemoración de la Candelaria, patrona de esta ciudad. Se conoce la presencia canaria en el aludido acto fundacional y de cómo fue aumentando la vecindad con familias isleñas.

Asimismo, desde que los isleños se establecieron en Ceiba Mocha, en su iglesia también se venera la patrona de Islas Canarias, como sucede en el pueblo pinareño de Candelarias, fundado precisamente por isleños.

Mi madre cortaba las matas del rosal cada 2 de febrero, para que creciera con más vigor. Yo no sé si en eso influía o no la Candelaria, cierto es que las matas crecían más bonitas, con mucho brillo en las hojas. A los tres hermanos, nos cortaba el pelo y las uñas y luego, nos bañaba en una palangana con agua abundante que -según mamá- estaba purificada por la virgen. Eso era para que no nos enfermáramos. (Fragmento del testimonio de Candelaria Álvarez, de Ceiba Mocha, año 1980).

Ha tirado al mar / las sobras del destierro, / aprende a amañar / los versos de Balboa / y al verlo cada vez más débil, / La Candelaria se obsesiona, / avienta su espíritu / y con la impetuosidad de sus alas / pelea junto a él; / ambos triunfan, redimen. (Fragmento del poema Metamorfosis, autor Osmani Linares Rodríguez. Primer Premio, Juegos Florales-2010)

LAS HIJAS DE CANARIAS

Las mujeres que emigran siempre sufren más que los hombres, porque viajan con la mácula de la discriminación. Víctimas de esa sombra machista, en Cuba muchas isleñas esperaron un largo tiempo para contar con la sociedad benéfica que les ofreciera amparo y la atención en una Casa de Salud.

Las canarias solteras en Cuba sólo aspiraron a los empleos de bajos salarios, como el de sirvientas o tuvieron que trabajar gratis en las casas de familiares, a cambio del techo para dormir y el plato de comida. Otras tomaron el camino de la prostitución. Cifras considerables de las hijas de Las Afortunadas corresponden a despalilladoras, criadas, nanas, costureras, lavanderas, cocineras y planchadoras. Muchas, no dejaron nunca de ser amas de casa. Eran isleñas que llegaban a Cuba analfabetas en tiempos de gran desempleo, hambre y otros males que tipificaban el modo de vida de la mayor parte de la población cubana.

La situación lamentable de miles de emigradas preocupó a la colonia canaria, por ello con la finalidad de ofrecer instrucción, recreo y asistencia sanitaria fue creada la Sociedad Hijas de Canarias el 20 de julio de 1930. Apenas un año después, se fundó el Sanatorio Hijas de Canarias, el 19 de junio de 1931. Pero ambas instituciones tuvieron vida efímera.

Un retazo de historia nos acerca a los momentos fundacionales, de cuando un grupo de isleñas y descendientes, que eran esposas de canarios o cubanos adinerados, el 13 de julio de 1930 aprobaron el Reglamento por el cual se regiría la vida interna de la futura organización femenina. Poco después, el 20 del propio mes y año, ellas volvieron a reunirse en la casa de la calle Basarrate, marcada con el número 112, para acordar la fundación de la Sociedad Hijas de Canarias, a la cual pudieron pertenecer todas las mujeres que estuvieran asociadas en las diferentes delegaciones isleñas de Cuba.

En el Sanatorio Hijas de Canarias, las afiliadas recibían la asistencia médica al parto dentro del hospital o en sus propios hogares, aunque en las casas muchas eran atendidas por la comadrona social. Sin embargo, si por esta causa ellas intentaban suicidarse o fallecían durante el parto, ni la Sociedad ni el Sanatorio cubrían los gastos del funeral y entierro. Tampoco recibían atención médica en el hospital las mujeres que consumían drogas, como el alcohol.

Yo soy de la isleñas que nunca pudieron pagar el bono de la Quinta Canaria, porque el dinero que entraba en el hogar no alcanzaba ni para comprarse un vestido o un par de zapatos al año. A mí no me hacen cuentos de caminos..., si tu no podías pagar la cuota para el derecho al hospital... pues ¡sálvese quien pueda! (Opinión de Rosario Marrero, Lawton, año 1978).

Cuando por falta de recursos el Sanatorio dejó sus funciones, la Quinta Canaria se hizo cargo de la atención de las emigradas isleñas, para lo cual fueron remodelados o ampliados algunos pabellones. Entre estos, los destinados a la maternidad y enfermedades.

Puedo quebrarme a la cordura / como la última red de un laberinto, / y manar / hasta el túmulo bestial del aguacero. / Convertirme / en Chaxiraxi, / La Mujer, / La Diosa, / el milagro secreto de las aguas. (Tomado de El milagro secreto de las aguas. Autora Elainne Vilar Madruga. Primer Premio Popularidad. Juegos Florales-2009)

EL LEGADO EN DÉCIMAS

La décima, declarada la "estrofa nacional", figura con eslabón de oro en el patrimonio de la Perla de las Antillas, y la practican poetas cultos y populares. Es la estrofa única que señoreaba en la modalidad oral por los campos cubanos cuando se trataba de canturía y de repentismo.

Como se conoce, la primera pieza de importancia literaria del criollismo conocida hasta hoy, *Espejo de Paciencia*, tiene la impronta canaria, de la cual partió el hermoso y vasto legado poético de Cuba. Fue escrita en 1608 por Silvestre de Balboa Troya y Quesada, escribano del cabildo de Puerto Príncipe (hoy Camagüey), llegado a Cuba en fecha no precisada, entre 1593 y 1603. Nació en Las Palmas de Gran Canaria y fue bautizado el 30 de junio de 1563. Murió, posiblemente, en 1649, en Puerto Príncipe.

El autor nunca imaginó la gran trascendencia de Espejo de Paciencia en la cultura e historia en Cuba, al devenir en punto de partida de su literatura. Al poema épico lo dividió en dos partes y estructuró con Prólogo, Carta dedicatoria (del autor al Obispo de Cuba), y en seis sonetos (creados por igual número de vecinos de la villa). Así Narró el rapto, cautiverio y rescate del Obispo Fray Juan de las Cabezas Altamirano, en el entorno insular o de "color local". Concluida la obra, fue cantado un motete en el santuario de Bayamo por el sacristán Blas López para celebrar el triunfo de la iglesia, bayameses, y contrabandistas sobre los piratas.

En Cuba, Espejo de Paciencia vio la luz editorial por primera vez en 1927, aunque a su presencia completa se halló en Bibliografía cubana de los siglos XVII y XVIII, por Carlos M. Trilles. En 1942, Felipe Pichardo divulgó una crítica literaria y no fue hasta 1981 que en Canarias, lograra su primera edición, mediante la Editora Regional de Las Palmas, acompañado de un estudio crítico de Lázaro Santana,

Balboa escribió en décimas el Motete con que termina Espejo. Su métrica tendría gran influencia en todos los decimitas posteriores. Del Canto segundo y octavas del Canto Primero, es el siguiente fragmento:

Al fin se concertaron en mil cueros
Por el rescate del Pastor benigno,
Y doscientos ducados en dineros,
Cien arrobas de carne y de tocino,
Sin otras cosas para los guerreros
Que en Yara hicieron tan loco desatino:
Que esto del dar allana inconvenientes.
Y ablanda a todo género de gentes.

Según investigaciones, la décima apareció en España en el siglo XV y tiene su origen en la copla real española de doble quintilla, cuando Vicente Espinel le incluyó en 1591 un nuevo tipo de estrofa, cuyo motivo inspiró a Lope de Vega escribir: *No parezca novedad llamar espinelas a las décimas/ que este es su verdadero nombre/, derivado de Espinel su primer inventor.*

Por su lado, el Indio Naborí definió el criollismo de la décima en este canto:

Viajera peninsular,
¡cómo te has aplatanado!,
¿qué sinsonte enamorado
te dio cita en el palmar?
Dejaste viña y pomar
soñando caña y café
y tu alma española fue
canción de arado y guataca
cuando al vaivén de una hamaca

te diste a "El Cucalambé.

Los estudiosos del tema sostienen que durante el pasado, fueron los andaluces y castellanos los principales portadores de la música popular de España que se cantaba y bailaba tanto en Cuba como en Canarias, lo cual influyó en el canto llano, la décima y la cuarteta en la formulación posterior de la música popular campesina.

Esta música campesina de puntos y décimas, formada en torno a los ingenios azucareros y las plantaciones de tabaco, fue lentamente elaborada por los campesinos llegados desde Canarias, con aportaciones musicales del folclore español y ciertos rasgos típicos canarios, que aún es posible detectar en el rico filón folclórico que ofrece la Cuba mestiza. Afirmación del crítico y especialista Argeliers León.

En Cuba es utilizada la décima para expresar cualquier sentimiento o acontecimiento de felicidad, añoranza y sufrimiento, así como para dialogar, informar o criticar, y la encontramos en pie forzado, en controversias, en coros hablados o cantados. De los siglos XVII y XVIII se conservan pocas décimas, y son de la inspiración de los canarios y criollos con descendencia isleña: Santiago Pita, Fray Capacho, Mariano de Alva Monteagudo, Manuel Basilio Betancourt, Manuel González, Miguel Zequeira, Manuel Rubalcava y Francisco Poveda. Con este aire, en el siglo XIX se destacó Juan Cristóbal Nápoles, el Cucalambé, artífice de la décima bucólica.

En 1898 llegó a Cuba, procedente de Canarias, Cuquillo, como popularmente llamaron a Gregorio Expósito Gómez o Manuel Jiménez Triana como también se nombró, y de quien se afirma representa al mejor repentista de aquel tiempo. Fue autor de *Las bellezas de Cuba*, *El suspiro, Una yegüita compré* y *El Cementerio de Zaza.* Falleció en Villa Clara en 1935. Gustaba de participar en guateques, donde practicaba la improvisación.

Y entre los ilustres poetas que en el siglo XIX solían cantar su amor por la patria, encontramos a Gertrudis Gómez de Avellaneda, una de las más importantes figuras de la literatura cubana. De ella dijo Martí: *La Avellaneda es atrevidamente grande.* Nació en 1814 en Puerto Príncipe (Camagüey), hija de familia canario-cubana, adinerada. Murió en Sevilla en 1873, donde descansan sus restos. En La Habana fue coronada de laureles por otra gran poetisa cubana con ascendencia canaria, Luisa Pérez de Zambrana. Poco antes de embarcar hacia España, escribió *Al Partir*, disfrutemos este fragmento:

¡Perla del mar! ¡Estrella de Occidente!
¡Hermosa Cuba! Tu brillante cielo
la noche cubre con su opaco velo
Como cubre el dolor mi triste frente.
¡Voy a partir! ...

Sobre la obra de la Avellaneda Enrique Piñeyro, opinó: *No hay en la gramática y la lírica española otra que le iguale, y ocupe lugar de primera fila entre los que durante el período del romántico cultivaron en España la poesía.*

Sin dudas: la décima constituye un fuerte componente de la cubanía, legada de la época colonial por analfabetos e ilustres isleños y criollos. Sus estrofas contribuyeron al cimiento de la nacionalidad cubana, porque estimulaban el amor a Cuba, a su cielo y mar, así como al paisaje campestre: resaltando el arrullo de la palma real, el bohío, el río, la luna plateando sabanas y montañas, y el trinar del sinsonte en el alba de la manigua redentora.

En la antología titulada Islas La Isla, de Javier Cabrera, aparecen los nombres de once poetas canarios emigrados a Cuba, entre los siglos XVII al XX: Silvestre de Balboa, Nicolás Estévanez, Manuel Martínez de Las Casas, Francisco Izquierdo, Jordán Franchy, Pedro Betbencourt Padilla, Félix Duarte Pérez, Luís Báez Mayor, Antonio Hernández Pérez, Julio Trovador, y Modesto San Gil Henríquez. Cada uno es acompañado por un breve currículo y la selección de poesías. Del último autor, ofrecemos este fragmento:

Hay que ver cómo llueve en cada hueso
Para saber de fríos contra el viento,
Hay que estar acá lejos
Para contar lo mucho que perdemos.

Islas la Isla incluye a treinta poetas cubanos de ascendencia canaria, nacidos unos en el siglo XIX y otros en el XX. En este volumen se encuentran los nombres de José J. Milanés; Gertrudis Gómez de Avellaneda; Luisa Molina; Luisa Pérez de Zambrana; José Martí; Julia Pérez Montesdeoca; Luis Victoriano Betancourt, Arturo Doreste; Luis Marré; Nivaria Tejera; Rafael Alcides; Adolfo Suárez; Juana Rosa Pita; Raúl Luis; Renael González Batista; Ricardo Riverón Rojas; Reina María Rodríguez; Sigfredo Ariel; Ada Elba Pérez; Lourdes

González; Edel Morales, Jesús Orta Ruiz, y entre otros más: Virgilio López Lemus: poeta, ensayista, crítico, traductor, profesor, investigador literario y autor del siguiente fragmento:

Te vas quedando solo.
Apoyaste todo tu amor en los ancianos
Que te sonríen y luego se marchan.
Escribiste páginas borrables
Y poemas de corta duración, como tu vida.
Ni los libros leídos ni los más amados
estarán contigo allá, que es dónde.
Abiertamente solo, vas pensando, en la noche,
Cómo engañar a la soledad
Con un monólogo,
Con un aplauso.

Biznieto de familia canaria, Jesús Orta Ruiz, Indio Naborí, es el mayor exponente en Cuba de la décima en el siglo XX. *Mucha décima puso mi familia de origen canario en mi quehacer*, según confesiones suyas. El culto cubano (1922-2005) entrevistado para la revista Bohemia cuando rozó el galardón Príncipe de Asturias, recordó que improvisaba desde los nueve años de edad. Ubicado su nombre en el neopopularismo de la Generación del 27, los críticos lo reconocen por el logro de fusionar lo popular y lo culto.

El Indio Naborí era capaz de hacer una décima en un minuto (10 versos, 80 sílabas). Recibió el Premio Nacional de Literatura 1995 y fue acreedor de la Medalla 450 Aniversario de Cervantes. Publicó diversos poemarios, entre ellos: *Con los ojos tuyos,* correspondiente a la etapa que se halló ciego y por eso, pidió a la esposa la escritura. De niño, escuchó al padre la cuarteta, inspirada en Santa Cruz de Tenerife, que gustaba recitar:

Si el Pico de Tenerife
fuera de gofio molío,
los isleños como yo
Ya se lo hubieran comío.

La décima llega al siglo XXI enriquecida por los aires de las nuevas generaciones de poetas, a través del amplio abanico de la música campesina que incluye: décima cantada, guajira, son montuno e incorporaciones del bolero y la guaracha, al decir del estudioso del género, el decimita Sergio Amaral Padrón, de ascendencia canaria.

Alrededor de 15 programas de la radio nacional y provincial hoy dedican espacios a la música campesina, sin olvidar a *Palmas y Cañas,* trasmitido por la televisión desde hace alrededor de 50 años. Además, la rica tradición se mantiene viva por instituciones como La Casa Naborí (Limonar, Matanzas); Comité de la Décima (Ranchuelo); Casa de la Décima (Tunas), entre otras.

Entretanto, aumentan los grupos de intérpretes y compositores. Ellos son los seguidores del Indio Naborí; Angelito Valiente; Gustavo Tacoronte, Celina González; Chanito Isidrón, Daniel Lozano; El Jilguero; Pedro Guerra; Adolfo Alfonso, Justo Guerra, Ramón Veloz, Raúl Rondón, Albita Rodríguez, Liuva María Evia; Omar Mirabal, Jesús Rodríguez, Radeúnda Lima, Carmelina Barberis y muchos otros.

Tu rostro sabe a verde a sal a piedra / El infinito

trae un ala rota / Y los bisontes amanecen / asombrados. (Fragmento del poema Fin del pájaro azul, de Luisa Pérez de Zambrana).

LA PRENSA

En los siglos XIX y XX la comunidad canaria fundó órganos de prensa: revistas y periódicos que resaltaron lo más importante de la vida isleña en el acontecer social, cultural, económico y político de Cuba e Islas de Canarias. En los medios de difusión cubanos: prensa escrita, radio y televisión, trabajaron canarios y descendientes suyos, ejemplo de ello fueron prestigiosas plumas del periodismo en esta nación. Una argumentada y amplia investigación al respecto la consultamos en el libro *El Periodismo en Cuba*, de Juan Marrero González, también con sangre canaria heredada de la abuela paterna, Rosario, nacida en La Palma. En estas páginas se hallan reflejadas las principales publicaciones del período colonial hasta la actualidad, incluidos los nombres de muchos periodistas cubanos o de otras nacionalidades que dejaron una huella en este quehacer.

Entre las publicaciones periódicas creadas por la comunidad canaria en La Habana en el siglo XIX, relacionamos: *El Mencey* (1864-1865); *El Correo de Canarias* (1882); *La Voz de Canarias* (1884-1886); *El Eco de Canarias* (1886-1897); *Las Canarias* (1888); *Revista Las Canarias* (1890-1891); *La Colonia Canaria* (1891); *Las Afortunadas* (1893-1899); *Las Canarias* (1896-1898), y *Heraldo de Canarias (1897).*

De acuerdo con las investigaciones, se presume que el primer periódico fundado por los canarios en América fue *El Mencey*, en La Habana, dirigido a la defensa de los intereses isleños en tierra cubana. Fue creado por José A. Pérez Carrión y en el cuerpo de redacción figuraron Juan Manuel Castañeda, Avelino de Orihuela, Ignacio de Negrín, Jerónimo Lazo Mendoza, Miguel Gordillo Almeida y otros.

Todas las publicaciones mencionadas tuvieron propietarios de origen canario, residentes en la capital cubana. Así, José Tabares Sosa fundó La *Voz de Canarias,* revista de frecuencia semanal dedicada especialmente a la literatura; *El Eco de Canarias*, revista semanal, fue dirigida por Esteban R. Acosta; *Las Canarias*, cuyo primer número se debió a Ernesto Lecuona Ramos (padre de los grandes maestros de la música: Ernesto y Ernestina), quien escribió artículos polémicos en defensa de la colonia canaria; *Revista Las Canarias,* creada por Eduardo Pineda; *Las Afortunadas*, órgano de la colonia isleña, semanal, la publicó Félix Carballo Armas, y, por último: *Las Canarias*, semanal, de los periodistas Félix Carballo, Domínguez Barreda y Luis Felipe Gómez Wangüemert.

En la historia del periodismo ejercido durante la colonia aparece el nombre de Gordillo Almeida, nacido en 1824 en la ciudad de Guía, Gran Canaria, quien llegó a La Habana muy joven, tras concluir los estudios de piloto. En la Universidad de la capital cubana estudió la carrera de medicina y se gradúa de cirujano. También fue poeta y escritor, razón que lo sitúa entre los connotados intelectuales de Cuba del siglo XIX. Además, realizó estudios de geografía y publicó diversos textos bibliográficos, como el *Compendio de Geografía de España,* 1878; *Compendio de la Geografía Física de la isla de de Cuba,* 1879, y *Compendio de la Geografía de Cuba,* 1882. La última fue editada en verso, cuya primera parte trata nociones de geografía, mientras que la segunda refiere la división política y administrativa, tras el Pacto del Zanjón (1878).

Y desde La Habana, Gordillo Almeida contribuyó con donaciones suyas y de otros paisanos, a la construcción del puente de Barranco de Las Garzas, Canarias, y ayudó a las fundaciones de la Asociación Canaria de La Habana; Asociación de la Beneficencia, y Asociación de la Protección Agrícola de Cuba, así como de la Real Sociedad Económica de Amigos del País, en Las Palmas desde 1866. Muere en1898, en La Habana.

En el ejercicio del periodismo del siglo XIX se destacó un nutrido grupo de canarios y descendientes, entre ellos Gertrudis Gómez de Avellaneda, quien editó, en 1860, *Álbum Cubano de lo bueno y lo bello,* dirigida a la mujer y contra la discriminación de género, donde escribieron Luisa Pérez de Zambrana, Julia Pérez de Montesdeca, Esteban Borrero, Domingo del Monte, Ramón de Palma y Francisco Sellén, así como las traducciones estuvieron a cargo de Enrique Piñeyro y Juan Clemente Zenea.

Otros destacados periodistas canarios o de ascendencia del siglo XIX, fueron José Morales Lemus, hijo de padres nacidos en Canarias y el Conde de Pozos Dulces, quienes revitalizaron la publicación *El Siglo* (1863), desde la cual se defendieron de los insultos que les propinaba el *Diario de la Marina* y se opusieron a exigencias del gobierno colonial, mientras apoyaron las ideas de los cubanos que deseaban reformas en el país.

Luis Felipe Gómez Wangüemert, nació en La Palma, Canarias, 1862 y falleció en La Habana, en 1942; fue periodista, poeta y maestro, emigró en 1883 a Cuba, se estableció en Pinar del Río donde hizo alguna fortuna como propietario de un hotel y en el comercio del tabaco, y al mismo tiempo colaboró con varios órganos de prensa. Pese a sus posiciones antimonárquicas y liberales, durante la guerra de 1895 combatió en las filas colonialistas, donde alcanzó el grado de comandante. En 1899 regresó a Canarias, allá se casó y se dedicó al periodismo. Al regresar a Cuba, en 1914, se radicó en La Habana y fue redactor de los periódicos La Discusión y El Día, e incluso fundó y dirigió publicaciones dirigidas a canarios, entre ellas El Guanche y Patria Isleña.

Tras el grito de Independencia en su ingenio Demajagua, 1868, Carlos Manuel de Céspedes fundó el periódico *El Cubano Libre,* y de manera brillante, José Martí se destacó en el periodismo con numerosos artículos que publicó en Nueva York y otras muchas ciudades del continente americano. También fundó el periódico *Patria*, el 14 de marzo de 1892, órgano que fuera portavoz de los preparativos de la guerra de 1895, por la independencia de Cuba.

En 1902, periodistas canarios participaron en la fundación de la Asociación de la Prensa de Cuba, así como diversas revistas con frecuencia semanal, entre 1917 y 1932: *Isla Canarias* (1908-1917)*; El Eco de Canarias* (1909, de corta vida), *Cuba y Canarias* (1912); *Atlántida* (1916) *Canarias* (1908-1921); *Las Afortunadas* (1922-1923); *Cuba Cana-*

rias (1922); *El Guanche* (1924-1925); *Patria Isleña* (1926-1928); *Hespérides* (1930), y *Tierra Canaria* (1930-1932).

No es posible en pocas páginas mencionar a todos los canarios y descendientes que en Cuba han dejado su impronta en el periodismo. No obstante, a continuación ofrecemos algunos nombres: Esteban Acosta, Miguel Espinosa Hernández, Tomás Guillén Leal, José Benítez Rodríguez, y Arturo Doreste (1895 -1983) que publicó artículos en importantes medios de la prensa cubana y en la revista *Flor de Canaria*, así como Pablo Álvarez de Cañas, nacido en 1918 en Tenerife, quien fuera cronista social de los diarios *El País*, *El Siglo*, *La Habana* y *El diario de la Marina*, además: dirigió la revista Selecta, en 1937. Pablo, tras el triunfo de la Revolución regresó a su natal Tenerife; sin embargo cuando enfermó, volvió a La Habana y murió el 3 de agosto de 1974. Sus restos reposan en el Cementerio de Colón.

Mientras que en la revista *Cuba y Canarias,* formaron parte de su cuerpo de redacción, entre otros: Elías Rodríguez, Asensio Sanjuán, Manuel Linares Delgado, Secundino Delgado Rodríguez, Tomás Felipe Camacho, poeta y periodista y fundador de la mencionada revista; Juan Melo, poeta, abogado y educador, y José Muros, destacado fotógrafo de la delegación canaria en Camajuaní.

En el ejercicio destacado del periodismo del siglo XX, se encuentra Luis Gómez Wangüemert Lorenzo (hijo de Felipe, periodista ya mencionado), nacido el 15 de abril de 1901 en Santa Cruz de Tenerife y fallecido en La Habana en 1980. A Cuba llegó cuando tenía 15 años de edad, y a partir de 1919, inició su larga trayectoria en la prensa hasta su muerte. Escribió en el *Heraldo de Cuba*, la revista *Carteles* y a partir de 1939, se desempeñó como comentarista de asuntos internacionales en la radio y la televisión. Precisamente, en el Noticiero Nacional de la TV mantuvo un espacio diario y sus comentarios alcanzaron gran audiencia en todo el territorio nacional. Consecuente con su ideario revolucionario, fue uno de los fundadores del Grupo Minorista y suscribió la Protesta de los Trece; su hijo mayor, José Luis, cayó en el asalto al Palacio Presidencial, el 13 de marzo de1957.

Gómez Wangüemert recibió la medalla XX Aniversario de la Revolución y la medalla Julio Fucik por su labor periodística ejercida durante 60 años. Fue director del periódico *El Mundo*; formó parte de la dirección del Movimiento por La Paz, así como vicepresidente de la Sociedad de Amistad Cubano-Soviética, y además colaboró con los directivos del Ministerio de Relaciones Exteriores.

Tampoco puede quedar en el olvido de la prensa, Manuel Cristóbal del Rosario Fernández Cabrera, quien nació el 9 de julio de 1885, en Santa Cruz de La Palma. Su padre era oriundo de Guamutas, Matanzas, y su madre, de Santa Cruz de la Palma, donde nació. Con solo 32 años de edad falleció de tuberculosis en su ciudad natal, el 11 de mayo de 1918. Fernández Cabrera estudio bachillerato en Canarias, donde inició la carrera del periodismo. En La Habana residió desde 1905 y al año siguiente se hizo cargo de la dirección de la publicación Cuba y Canarias, además de integrar la redacción del periódico La Nación. Fue impulsor del resurgimiento de la Asociación Canaria de Cuba, 1906.

Se graduó en La Habana de doctor en Derecho, y junto con Agustín Acosta, Miguel Ángel de la Torre y otros intelectuales, formó parte de la Peña Literaria del Parque Central.

Además, él publicó varios libros, entre ellos: *Sendas de misterio... y amor* (cuentos); *Mis Patrias: Cuba, Canarias y España* (crónicas), y *Sino de tragedia* (novela). En su corta existencia e intenso batallar devino entusiasta impulsor del resurgimiento de la Asociación Canaria de Cuba, 1906. A lo anterior se suma la labor de corresponsal en Venezuela, México y Estados Unidos, así como la publicación de *Álbum*, en la cual escribió 15 crónicas bajo el título *Alma Canaria*, y en una de ellas expresó:

> *Cuando hace doce años abandoné la tierra Afortunada, empujado por el fenómeno incoercible del mejor bien, mi pensamiento hubo de fijarse en Cuba. Este rico y glorioso país, patria de pensadores y de poetas, me atraía con la fascinación simpática de lo bello y de lo hospitalario.*

Fernández Cabrera admiró al grupo de los compatriotas que en Cuba resaltaron en las letras y a cada uno celebró en sus escritos, entre ellos: Francisco de Frías, Conde de Pozos Dulces; José Morales Lemus; Tomás Felipe Camacho; Enrique Piñeyro; los hermanos Fernández Feraz; Francisco Campo y López; León y Mora, y el sacerdote José Viera y Martín. Con veneración, escribió sobre José Martí:

También recordé a Martí, sabía que su madre na-

ció en Santa Cruz de Tenerife, y soberbia y dolorosa se presentó a mi vista la figura del Apóstol. Le conocía por un retrato de tarjetas postales. Más, he aquí que la estampa tomaba cuerpo, se agrandaba y por efecto de fantasía la contemplé hecha hombre: tenía una mano en alto, como arengando a las masas revolucionarias y la cabeza caída, como no pudiendo soportar el peso inaudito de su pensamiento. Así mismo la miré en estatua al llegar a La Habana.

Punto y seguido merece el excelente fotorreportero.Félix Tomás Amador Vales González, hijo de Emilio Vales y Andrea González, nacido en Canarias, presuntamente en Tenerife en 1897, por quedar inscrito con sello de oro en la historia de la fotografía de Cuba. Se sabe que con la familia emigró a la Isla cuando era niño, y a los 19 años de edad ingresó en 1913 como ayudante de Antonio Rodríguez Morey, jefe de grabados de la revista *Bohemia*, al tiempo que ejercía el reporte grafico para esta y otras publicaciones cubanas.

Sin abandonar a *Bohemia*, en la revista *Las Afortunadas,* creada en La Habana para los naturales de Canarias y fundada por Miguel Martí el 15 de junio de 1922, Vales fungió como administrador y divulgó diversas fotos en los dos únicos ejemplares que circularon por la Isla.

No obstante la excelencia alcanzada en la labor de fotorreportero, él nunca abandonó su principal característica, la sencillez. Además, es justo agregar que era un hombre muy valiente. Jamás temió realizar un trabajo con el riesgo de perder la vida, de acuerdo con la opinión de Jorge Oller, quien es otro excepcional fotógrafo de origen catalán, empeñado actualmente en salvar en un Diccionario a todos los trabajadores de la grafica en Cuba.

Relata Oller en su artículo *El soldado Justiciero*: “Hizo numerosos sucesos políticos y sociales que convulsionaron la Republica, principalmente en los periodos dictatoriales de Machado y Batista. En los tiroteos que frecuentemente se producían en aquellos tiempos tiraba sus fotos tranquilamente. Sus compañeros, en broma, le decían: Tú eres valiente porque eres sordo. Efectivamente, no oía bien, pero todos lo admiraban y respetaban su osada profesionalidad. La foto que es motivo de esta narración se publicó en Bohemia en agosto de 1933 conjuntamente con varias imágenes de Palacio y otros sucesos acaecidos ese día. Ha dado la vuelta al mundo y se repite cada vez que se habla de ese suceso. Con esta foto excepcional y la de su autor saludamos el centenario de la revista *Bohemia* y a todos los que han contribuido con sus imágenes a conservar momentos de la historia de Cuba.”

Otra anécdota contada por Oller en el sitio *Cubaperiodistas:* “El 28 de diciembre de 1931, el director del periódico *El País* Manuel Aznar, se le ocurrió darle una ‘inocentada’ al fotógrafo Amador Vales y en horas de la madrugada le ordenó ir al aeropuerto de Columbia a retratar la llegada de Rafael Iturralde.[i] Vales, al llegar al aeropuerto se percata que Aznar le había tomado el pelo. Pero reaccionó rápidamente y de regreso al periódico, buscó en el archivo una fotografía que había hecho hacía años en el mismo aeropuerto donde Iturralde le daba la mano a Machado en presencia del General Alberto Herrera. Hizo una copia de la fotografía y, como de costumbre, la dejó, sobre la mesa del director. Aznar al ver la fotografía quedó desconcertado y, por si acaso, mandó a separar un espacio en la primera plana mientras hacía las averiguaciones oportunas. Muy pronto comprendió que había sido burlado con su propia broma."

Amador Vales se casó en Cuba con la asturiana María del Olvido González, el 25 de agosto de 1923, matrimonio asentado en el registro de Puerto Padre (Tomo 12, Folio 552). Ella falleció el 29 de enero de 1951 y Amador el 25 de agosto de 1965: fueron sepultados en el Cementerio de Colón de La Habana.

El nieto de Amador, el Dr. Frank Vales recuerda que una de las canciones favoritas del abuelo era *Islas Canarias*, que cantaban Los Chavales de España. Un fragmento dice:

El sol tiene rayos de oro,
la luna es su pasionaria,
y España su mayor tesoro
que son las Islas Canarias.

Las publicaciones canarias en Cuba se vieron mermadas tras la Guerra Civil española. Solo se recuerdan la *Revista Cúspide* (1937) de José Cabrera Díaz, en la cual trabajó un grupo de intelectuales con ideas progresistas; el periódico bimensual *Boletín Cuba y Canarias* (1939), dirigido por Andrés Castañeda Padrón, y la revista *Canarias en Cuba* (1946), creada por Feliciano Jerez Veguero.

A finales del siglo XX, un grupo de periodistas cubanos con ascendencia canaria prestigiaron con su labor la prensa escrita, radial y televisiva. A continuación ofrecemos los nombres de algunos: Pedro Martínez Pírez (Radio Habana Cuba); Juan Marrero González, fundador de Prensa Latina y Granma (con una decena de libros publicados donde utiliza las técnicas del reportaje, la crónica y el testimonio); Luis Báez, autor también de decenas de libros de ensayos y testimonios (Prensa Latina); Luis Sexto Sánchez (Bohemia y Juventud Rebelde), Joaquín Oramas y su hijo Orlando (Granma); Lino Oramas (Granma), Ada Oramas (Tribuna de La Habana) y la autora de este libro, entre otros. Los cinco primeros ostentan el Premio Nacional de Periodismo José Martí.

Nos detenemos en Luis Sexto con más de 45 años en el ejercicio del periodismo, porque además es reconocido poeta y escritor, con alrededor de 20 títulos editados. Publicó su primer poemario: *Noticias de Familia* en 1989 y los relatos *La aparente cordura de las cosas*, 2008. Su último libro, del que es coautor con Alfonso Viñas, se titula *Nosotros, que nos queremos tanto*, 2012, trata sobre la vida y obra del autor musical pinareño Pedro Junco.

Yo no vi cuando chiquillo / más restauran que el trabajo / que daba subirse a un gajo / de mango o de mamoncillo. / Sobre temprano rocillo / tuve que hacerme jinete. / Y más allá del machete / y el fuego del mediodía / no sentí en la mano mía / la caricia de un juguete. (Décima del repentista descendiente de canario Francisco “Chanchito” Pereira, improvisada durante una canturria)

LA POESÍA CON MÁS IDA Y VUELTA

En el campo de las letras el legado de canarios y sus descendientes resulta sorprendente. Un grupo considerable de estos marcó hitos en la literatura en general. Ejemplo de ello es la Condesa de Merlín, bautizada con los nombres María de las Mercedes, descendiente de familia de origen canario, es una de las célebres escritoras del siglo XIX. Nació el 5 de febrero de 1789 en La Habana, hija del Conde de Jaruco, Don Joaquín de Santa Cruz, y de Doña Teresa Montalvo y O'Farrill. Su primer libro lo tituló Mis doce primeros años. En París deslumbró por la exótica belleza criolla" y su dulce voz de soprano. Tras su visita a la familia en La Habana en 1840, escribe *Viaje a La Habana,* donde describe con gusto la cocina cubana: *La cocina criolla y la cocina francesa rivalizan en cada paso: los platos son a cual más delicado, y la comida se sirve bajo una tienda en medio del jardín.* Murió en París en 1852.

Por otra parte, Ramona Pizarro; natural de Santa Cruz de Tenerife, llegó a Cuba a finales del siglo XIX, y en esta isla se destacó como poetisa. Publicó su obra en varios periódicos de su tierra natal. Identificada con el ideario patriótico de los cubanos, se vinculó con actividades revolucionarias en Cayo Hueso, Estados Unidos. Y, en La Habana, residió desde 1916 el destacado poeta y narrador Francisco Izquierdo, nacido en 1886 en Tenerife y fallecido en la capital cubana en 1971. De su poesía titulada *Presagios*, es el siguiente fragmento:

Tenían para mí

Los heliotropos
Del naranjo a la sombra
Y ante las margaritas de ojo de oro
Me estaba horas enteras contemplando
La caída, en moroso
Silencio, de las flores menuditas.

De la pléyade intelectual son: Agustín Acosta, considerado por críticos y especialistas uno de los renovadores de la poética de Cuba, durante la segunda década del siglo XX; Arturo Doreste, acreedor de premios por sus poesía, fue miembro de la Academia Cubana de la Lengua, y Antonio Hernández Pérez, tinerfeño que residió desde niño en Cuba donde murió en 1975; editó el primer poemario en 1947 al cual siguieron otros libros y premios.[24]

Por su lado, Emilio Comas Paret ejerció el periodismo en los años mozos en la natal Caibarién, Villa Clara. En la actualidad publica artículos en la web de la Unión de Escritores y Artistas de Cuba, aunque con mayor asiduidad escribe novelas y poesías, su gran vocación. Entre los más de 7 títulos publicados por Comas Paret se encuentran: *Bajo el Cuartel de Proa*, cuento (1978); *Con los dedos*, poesías 1976; *De Cabinda a Cunene*, novela-testimonio (1998); *El dulce amargo de la desesperación*, novela (2002), y *Diario de la añoranza*, poemario (2002).

Recordamos a otro poeta: Antonio Hernández Pé-

(24) Jorge Domingo Cuadriello, autor de Los españoles en las letras cubanas durante el siglo XX. Referencias sobre la prensa canaria en las páginas 225 y 228.

rez, nacido el 21 de mayo de 1909 en Santa Cruz de Tenerife. La familia lo trajo niño a Cuba y por eso, pasó la infancia y adolescencia en Yaguajay. Luego, se trasladó para Caibarién donde desarrolló su prolífera obra literaria. A principios de 1974 por el título: *De pronto sales con tu voz*, logró el premio de la UNEAC y el estímulo de un viaje a Checoslovaquia, pero Antonio enfermó de cáncer y repentinamente murió, sin conocer a Praga ni ver publicado el libro de la citada mención.

De Antonio Hernández Pérez es la poesía *La muerte*, de la que hemos seleccionado el siguiente fragmento:

Teníamos un gran temor a las paredes,
a las rendijas de las cercas,
a los muros de cal entre los patios.

Dondequiera podía estar la muerte
disfrazada, sola.

Por otra parte, la habanera y excelsa poetisa Dulce María Loynaz amó tanto a Canarias como a su natal Cuba y este sentimiento la llevara a definirse *como una mujer entre dos islas.* Celebró la luna de miel en La Palma, donde había nacido el esposo, Pablo Álvarez de Cañas; tres veces más visitaría Las Afortunadas, y quizás por ello afirmó: *Soy una poetisa que viaja por un país mítico...* Su sensible alma presintió el misterioso Jardín de la Hespérides y reconoció a las islas como Enigmas de la Atlántida. En su cuarto viaje a Canarias, la declararon Hija Adoptiva, según la nominación de agosto de 1951 del Puerto de Santa Cruz. Emocionada se despidió: *Adiós isla florida, donde fui tan feliz, tierra fragante que casi no es tierra. Adiós espuma de volcanes, rosal de aire, sueño de sirena. Que los dioses te guarden y te dejen recordar algún día a la viajera.*

Su amor por las siete pequeñas tierras insulares, lo volcó en las páginas de la novela *Un Verano en Tenerife,* publicado en Madrid, 1958. En 1951, Dulce María Loynaz fue electa miembro de la Academia Nacional de Artes y Letras, y de la Academia Cubana de la Lengua en 1959, así como de la Real Academia Española de la Lengua en 1968. Recibió en 1993, de manos del Rey Juan Carlos I de España, el Premio Miguel de Cervantes y en Cuba fue declarada Presidenta Perpetua de la Academia Cubana de la Lengua. Murió en su hogar de La Habana, el 27 de abril de 1997, a los 94 años de edad.

En este breve espacio resulta imposible olvidar al poeta, ensayista, novelista y crítico literario: Cintio Vitier, Premio Nacional de Literatura 2002 y Premio Internacional Juan Rulfo de Literatura Hispano-Americana. Había nacido en Cayo Hueso, Florida, en 1921 y murió en La Habana en 2009. Era nieto de abuelo canario que fue oficial mambí.

En 1947, Vitier se graduó de Derecho en la Universidad de La Habana y después integró el Grupo Orígenes y más tarde fundó, junto a su esposa Fina García Marruz, la Sala Martiana de la Biblioteca Nacional José Martí. Su obra está recogida en varias antologías. De su poesía *Doble Herida*, ofrecemos a continuación un fragmento:

Este ir de la vida a la escritura

Y volver de la letra a tanta vida,
Ha sido larga, redoblada herida
Que se ha tragado el tiempo en su abertu-
ra.
Abierto como res por la lectura,
Le entregué las entrañas y la vida,
Queriendo rehacerlas conmovida,
En ellas imprimió su quemadura.

LA MÚSICA

La música es el alma de los pueblos
JOSÉ MARTÍ

De acuerdo con los especialistas, la música en Cuba se abrió con una distinguida pauta a partir del Siglo de las Luces, muy en particular con la influencia del Presbítero y compositor Esteban Salas, hijo de padre canario quien nació el 25 de diciembre de 1725 en La Habana y murió el 14 de julio de 1803.

Esteban Salas es el iniciador de la música culta en Cuba, representa para nuestra cultura musical el comienzo de un movimiento artístico que habría de culminar con la total independencia de nuestra música de los lazos coloniales que fecundaron, según la opinión que ofrece en su obra: *Canarias en el espíritu de Cuba,* la autora Olivia A. Cano Castro, investigadora y escritora sobre el aporte de los canarios a la cultura cubana. [25]

(25) Olivia A. Cano Castro, autora de Canarias en el espíritu de Cuba. Editado por el Grupo de Comunicación de Galicia en el Mundo. S.L. 2008. Refs. sobre la música, págs.: 139-157.

Salas escribió numerosas obras litúrgicas y hermosos villancicos Sus valiosas composiciones barrocas para cuerda y órgano lo situaron entre los más importantes creadores de la historia musical de Cuba y el continente americano de la época.

Por otra parte, estudiosos de la música cubana coinciden en afirmar la importante influencia de andaluces, castellanos y canarios en la transculturación de ciertos géneros folclóricos a través de los siglos. En particular, como resultado de los asentamientos de isleños en zonas rurales cubanas, los campesinos de Las Afortunadas enriquecieron el canto del guajiro.

Al respecto, María Teresa Linares en su obra *La música y el pueblo*, al hacer énfasis en el desarrollo de la música, expresa: *El ambiente rural mantuvo géneros similares a los españoles: romances, cantos de arar, de vocear ganado, y asentándose en lugares densamente poblados por isleños se escucharon y escuchan hoy todavía muchas tonadas de punto y de zapateo.*

La destacada musicóloga y profesora, advierte que géneros como el punto guajiro tiene parentesco con géneros andaluces, entre los cuales distingue las peteneras, bulerías y la seguidilla. Asimismo, Argeliers León en su estudio *Del canto y el tiempo*, alega que la música, más directamente determinada por los antecedentes hispánicos ha quedado en Cuba en el canto del guajiro que se conoce por punto; una expresión musical muy simple, cuyas primeras manifestaciones no pueden ya fijarse. Recordemos que la población blanca en la Isla se compuso de españoles procedentes de distintas regiones de la Península, en ocasiones con mayoría originaria de Islas Canarias.

No existen dudas. En el canto del guajiro se advierten las esencias isleñas, que desde la época colonial son acompañadas por la guitarra y la bandurria, además del "timplillo"[26] de Canarias. ¿A caso no son los campesinos canarios y guajiros cubanos quienes dieron origen al "punto" y al gusto por la décima cantada, la controversia y el repentismo? Modalidades que forman parte del patrimonio musical tanto de Cuba como de Canarias. Ligados por consanguinidad, costumbres, tradiciones y espiritualidad los poetas isleños y cubanos han originado, con la improvisación de la décima, hacer del punto cubano un arte.

En otro contexto musical, a finales del siglo XIX procedentes de Islas Canarias se presentaron en el Teatro Tacón de La Habana, entre otros: la mezzosoprano Pilar Verdugo; el tenor Enrique Arancibia y el violinista Salvador Palomino, director de orquesta y profesor. Ya en el siglo XX, específicamente en la década de 1930, fue creada la Academia Benito Pérez Galdós, donde el profesor Manuel Vega impartió clases de violín, composición para guitarra, mandolín y saxofón. Intérpretes, compositores y escuelas darán nuevos bríos y aires a la música que en Cuba se desarrollaba de manera impetuosa y admirable.

El más famoso tresero[27] de Cuba hasta el momento es Francisco (Pancho) Amat, nieto de

---

(26) Se refiere al timple, instrumento musical de cinco cuerdas originario de Canarias.

(27) Esta palabra devine del tres, instrumento de música cubano que consta de tres cuerdas y se deriva de la guitarra.

abuelo canario. Con su hijo Daniel, pianista, Pancho tiene en producción un disco. Ambos se han presentado en importantes teatros y salas de música. El diálogo entre piano y el instrumento de cuerdas tres deviene en una suerte de descarga de música cubana y concertante. Pancho Amat es también compositor y orquestador.

También en el siglo pasado, Severino López y Pascual Roch establecieron en La Habana la escuela de Tárraga; más tarde enriquecida con los elementos aportados por Clara Romero, Isaac Nicola, Vicente González Rubiera y Jesús Ortega. Y, a mediados de siglo, Leo Brouwer, renueva las técnicas de la guitarra y le ofrece la frescura de la propia creación y talento artístico, para trascender con su obra el ámbito insular.

En los anales de la historia de la música cubana, el maestro Leo Brouwer figura como gloria de la guitarra y la composición. Brouwer es nieto y sobrino nieto de otras dos grandes Maestros de la música cubana que descienden de canarios: Ernestina, destacada pianista y compositora, y Ernesto, talentoso pianista y compositor, además de director de orquesta.

De la creación artística de Ernestina Lecuona son las obras: *Cierra los ojos, Ahora que eres mía,* y *Ya que te vas.* Ernesto Lecuona es el músico cubano más difundido en el mundo, y es el autor del *Vals de las Mariposas,* inspirado en la bailarina Ana Pavlova. Además, de su repertorio son *Malagueña,* la zarzuela *El Cafetal,* y la bellísima pieza *Damisela Encantadora* creada para la nieta de canarios, la cantante lírica Ester Borja, quien también interpretó otras canciones de Lecuona que han recorrido el mundo con gran éxito: *Arrullo de Palma* y *Siboney*.

LAS BELLAS ARTES

Los museos de las bellas artes de Cuba se hallan también enriquecidos con las obras de artistas canarios y descendientes de ellos. Desde el siglo XVIII hasta nuestros días, sobre lienzos y cartulinas los pinceles de estas figuras del arte dan colorido a hermosos paisajes, flora y fauna del patio cubano.

Del tesoro pictórico son las contribuciones de Valentín Sanz Carta (nació en Tenerife 1849 y murió en La Habana, 1898); Felipe Verdugo Bartlett (nació en Tenerife, 1860, y murió en La Habana, 1895), y Domingo Ramos (Hijo de canarios, nació y murió en La Habana, 1894-1956). Asimismo, Manuel Martín González (nace en Canarias donde también muere, 1905-1988), José Manuel Acosta Bello (hijo de Canarios, nació en Matanzas, 1895, y murió en 1973); Mariano Vico García (nació en Tenerife, 1925, y murió en La Habana, 2005).

Aportan con brillantez a la plástica de Cuba tres artistas descendientes de canarios, nacidos en el siglo XX: Mariano Rodríguez Álvarez (hijo de padre canario, nació en La Habana donde murió, 1912-1990); Servando Cabrera Moreno nieto de abuelo canario (Nace en Cuba donde fallece (1923-1981), y Zaida del Río, nacida en Villa Clara en 1954, nieta de abuelo canario.

Desde luego, amerita finalizar el tema con una mujer, cubana-canaria, Thelvia Marín Mederos, de vasta obra en diferentes ramas del quehacer literario y artístico, así como en el periodismo: poeta, escritora, investigadora, pintora, y escultora, nacida en 1922, en Sancti Spíritus.

Mi nombre, Thelvia, fue inventado por mi padre para mí, con las raíces teos-vía (camino de Dios) y "Thel-vía", del profeta Ezequiel (camino del infierno), razón por la que agradezco tener las dos opciones, aclaró la ilustre intelectual ante la curiosidad que provoca su nombre tan poco común en la isla caribeña.

Por sus virtudes y méritos, Thelvia ostenta medallas y distinciones, entre ellas: *Por la Cultura Nacional*, *La Giraldilla* y la *Gitana Tropical*. También fue nombrada Hija Ilustre de Sancti Spíritus; Huésped Ilustre de Quito, e Hija Adoptiva de los municipios: Regla, Cabaiguán y Yaguajay.

En la Asociación Canaria *Leonor Pérez Cabrera*, se exhiben dos piezas escultóricas realizadas por ella. Se trata, una del busto de la madre del Apóstol José Martí Pérez, doña Leonor Pérez Cabrera, mientras que la otra, Bardino Alado, está inspirada en uno de los legendarios perros autóctonos de Canarias, donde era utilizado para cuidar el ganado vacuno, así como toda la hacienda y casa del dueño. Por su fidelidad al dueño y defensa a lo propio, el bardino o perro majorero devino en símbolo de Canarias. Graduada en Escultura, Pintura y Dibujo, Thelvia es licenciada de Piano, Teoría y Solfeo. También es titulada en Periodismo y Psicología y ha ejercido el servicio Diplomático. Fue profesora universitaria y es autora de novelas y ensayos. Y, entre sus varios libros editados de poesías, resalta: *El camino infinito,* antología poética.

En el Libro de Oro de la Sociedad Canaria de Cuba, la culta espirituana escribió:

> *Para mí la Asociación Canaria es la prolongación entrañable de mis raíces, ya que el primer presidente de la Quinta Canaria era hermano de mi madre, Don Juan Mederos Lorenzo, mientras mi tío Ezequiel Cuevas Mederos fue un excelente guitarrista del más depurado nivel profesional, quien introdujo y e incrementó en Cuba la llamada guitarra clásica, en los más altos niveles de este país, cuyo instrumento devino en tan cubano que en aquella época sólo se practicaba en la música popular. La contribución cultural que estos dos palmeros aportaron a Cuba, tiene un indiscutible valor fundacional.*

Thelvia Marín Mederos es nieta de Don Juan Mederos Lorenzo condenado a muerte por el ejército español, con motivo de la ayuda que le prestaba a los mambises durante la Guerra de Independencia de Cuba.

¡Ay! Mis Islas Canarias / Desde mi madre ausente, / Desde mis dos abuelos / Fluyendo por el hilo de mí sangre. / Ay mis hondas raíces / de dragos y palmeras, /del garoé y la tuna, / del dátil y la higuera: / dulces como el sonido de sus voces / Cantando una folia... / Desde el mágico Teide / El seno de Leonor, fuente de gloria / trajo "La Rosa Blanca" de Martí. (Fragmento del poema *Entre Islas,* de Thelvia Marín*)*

LOS GUSTOS Y EL DEPORTE

La influencia de canarios y canarias en la sociedad cubana es de gran importancia desde los primeros llegados a este costado del mundo, a la cual trajeron tejidos livianos para el caluroso clima, entretenimientos, creencias religiosas, comidas, tradiciones, fiestas y deportes. A estos dos temas últimos, dedicamos este espacio.

Si nos referimos a las fiestas es imprescindible aludir las que tuvieron y tienen mayor arraigo en la sociedad cubana como son las patronales, especialmente la que se celebra el 2 de febrero para venerar a Nuestra Señora de la Candelaria o Virgen de las Candelas. Esta celebración constituye la más importante de los isleños y sus descendientes en territorio cubano. Hasta hace poco, ella duraba casi 24 horas, y comenzaba temprano en la mañana con una misa y procesión. En la tarde se realizaban los divertimentos con el consumo de bebidas y comidas, así como la interpretación de músicas, bailes, juegos y competencias.

Entre las Solemnidades de precepto, los isleños efectuaban la fiesta del Corpus Christi y la Cruz de Mayo o Altar de Cruz, cada 3 de febrero, denominado por ellos Cirinoque. También realizaban los velorios dedicados a un santo o santa determinada, en los cuales se practicaban juegos de mano, adivinanzas, cuentos, décimas y a menudo, finalizaban con un baile amenizado por conjuntos de sones montunos. A veces, luego del programa religioso, efectuaban actividades de corte laico como las romerías, carnavales y las parrandas navideñas.

También solían celebrar las Fiestas de fin de Zafra Azucarera, pues para muchos, radicados definitivamente en Cuba, la caña representaba la principal fuente de ingreso económico en la vida doméstica o familiar. La organización de este festejo exigía, por parte de la comunidad, una ardua labor con meses de antelación. [28]

Para recaudar los fondos necesarios se rifaba novillos y otros animales. Además, entre otras actividades previas al evento de la zafra, se efectuaban verbenas de fin de semana, guateques, corridas de toros y torneos a caballo con dos bandos contrarios, el Azul y el Punzó.

Al principio, las verbenas solían efectuarse alrededor de un mes antes de la fiesta patronal, con el fin de recaudar suficientes fondos para la celebración de la misma. Más tarde, ellas tomaron otros incentivos por lo cual en muchos pueblos su celebración se hacía el fin de semana o cada vez que se necesitara realizar una obra, así como durante las fiestas navideñas; patrióticas, y durante los dos últimos días de la Semana Santa.

Desde hace años se efectúa la llamada Fiesta de los Ciudadanos Ausentes, con el propósito de evocar al vecino que un día decidió partir hacia otra localidad o quizás al país de nacimiento. Estas son numerosas en la parte central de Cuba, especialmente en Cienfuegos y Villa Clara. En menor medida se realizaban en tres municipios de Matanzas y uno de la provincia Granma.

Las fiestas canarias en la isla cubana tienen mu-

(28) Datos de la entrevista que Ángela Oramas Camero hiciera a la Dra. Virtudes Feliú, publicada en el Portal de la Cultura Cubana, Cubarte, en marzo de 2011.

cha tela por donde cortar. Por ejemplo, la décima y controversia dieron origen a la fiesta conocida con el nombre de guateque; mientras se mantiene viva la aceptación de la Danza Canaria en la Zona de Las Pozas en Cabaigúan, interpretada al son de polkas, isas, pasodobles y malagueñas. Desde 1982, la mencionada danza se mueve por el proceso de la reanimación, mientras que en 1983, el grupo musical, ejecutor de las citadas piezas, tomó el nombre de Conjunto Danza Canaria, integrado por canarios y descendientes.

Observan Alfredo Sánchez y Lucas Llanjet Hidalgo que aunque los pasos de los bailadores poseen semejanzas con los similares canarios, hay diferencias en cuanto a los movimientos corporales. Los cubanos bailan con el cuerpo encorvado, mueven el cuello, giran el torso y doblan el brazo, diferente a los canarios que lo hacen con el cuerpo erguido., lo cual se debe a la influencia del son en la interpretación de las danzas que en siglos pasados, desde España llegaron a Cuba.

La Fiesta Patronal de raíz canaria puede incluirse en la gran incubadora de algunas tradiciones festivas cubanas, ya que en su seno gestó determinadas formas, que como hemos reseñado, se han convertido en verdaderos complejos de festejos que conforman el legado más querido de la cultura popular tradicional de Cuba, de acuerdo con la opinión de la especialista Dra. Virtudes Feliú. [29]

José Martí escribió una crónica con el título: Un

(29) Datos de la entrevista que Ángela Oramas Camero hiciera a la Dra. Virtudes Feliu, publicada en el Portal de la Cultura Cubana, Cubarte, en marzo de 2011.

juego nuevo y otros viejos, de la cual reproducimos el siguiente fragmento:

> *Los ingleses creen que el juego del palo es cosa suya, y que ellos no más saben hacer su habilidad en las ferias con el garrote que empuñan por una punta y por el medio; o con la porra, que juegan muy bien.*
>
> *Los isleños de las Canarias, que son gente de mucha fuerza, creen que el palo no es invención del inglés, sino de las islas; y si que es cosa de verse un isleño jugando al palo, y haciendo el molinete. Lo mismo que el luchar, que en las Canarias les enseñan a los niños en las escuelas. Y la danza del palo encintado, que es un baile muy difícil en que cada hombre tiene una cinta de un color, y la va trenzando y destrenzando alrededor del palo, haciendo lazos y figuras graciosas, sin equivocarse nunca.* [30]

En cuanto al deporte, baste hojear la prensa de Cuba de los dos últimos siglos para que ante la vista aparezca la preferencia de isleños y sus descendientes por los eventos de lucha canaria, competencias del palo ensebado, salto de la vara, pulseo de piedra y carreras de caballos.

De niño me gustaba deslizarme en una tabla o yagua por una loma y a mi hermano lo que le gustaba practicar era el salto de la vara, pero ya nada de esto se hace en el campo, porque los tiempos

(30) Obras Completas de José Martí. Tomo 18, páginas 342.

cambian y traen otros deportes y gustos, comentó Ramón Pérez, una tarde de mayo de 2009.

Sin olvidar el placer por las competencias deportivas y juegos típicos de Canarias, los isleños en Cuba también disfrutan de la pelota o béisbol, el baloncesto y el fútbol. Bajo los estímulos de la Sociedad Canaria *Leonor Pérez Cabrera*, el fútbol es practicado hoy especialmente por los jóvenes descendientes de canarios. Y, el juego al dominó que tanto les gusta a los cubanos se convirtió, muy pronto, en otro de los entretenimientos preferidos de los isleños.

Mire, lo mío con el dominó es un vicio... desde hace muchos años yo vengo todas las tardes a la Sociedad Canaria a jugar dominó con otros socios... ¿Quiere echar un partido? Ganar, no es asunto de suerte sino de practicar todos los días y saber poner la ficha en la mesa. Antes me gustaba el fútbol, pero ya mis huesos no dan para tanto, tengo tantos años como Matusalén y aquí sigo en Cuba, vivito y coleando. (Fragmento de la de la entrevista con Miguelito, en la Asociación *Leonor Pérez*, 2008).

En el estadio de Matanzas, el hoy Palmar del Junco, el 2 de febrero de 1873 fue celebrado el primer evento con carácter nacional de lucha canaria. Muy rápidamente esta modalidad deportiva se hizo popular y no sólo dentro de la colonia canaria, pues comenzó también a ser practicada por cubanos y a la Isla llegaron famosos luchadores, como Alfredo Martín.

En la actualidad las prácticas de lucha canaria y de lucha del garrote adquieren auge en occidente, centro y oriente de Cuba. Pero sobre todo la lucha canaria que continúa las celebraciones de competencias en la provincia de Sancti Spíritus. También son frecuentemente convocados los torneos en Caibarién, Taguasco, Fomento, Trinidad, Yaguajay y Jatibonico, en cuyas ciudades el arraigo por este deporte se remonta al siglo pasado. Por otros sitios como en Zaza del Medio y Guayos, los aficionados inclinan la preferencia por la Lucha del Garrote. Y las dos manifestaciones mencionadas gozan de aceptación por igual en Ciego de Ávila en el municipio de Morón, así como en las provincias de Holguín y Villa Clara.

Finalicemos el tema de las fiestas y los deportes, imaginando que estamos en un guateque con una controversia entre el "sinsonte" de los campos cubanos y el "canario" de las siete islas.

El sinsonte

Canario, por mis metales / me llaman sinsonte grato / yo encuentro de rato en rato / cristalinos manantiales. / Me brindan los vegetales / sabrosísimas comidas / y en el jardín de la vida / lanzo envidiable gorjeo, / donde bien contemplo y veo / todas tu glorias perdidas.

El canario

Sinsonte, grande es tu error / al brindar tanto trofeo: / yo soy canario y me creo / más que tú merecedor. / Tú eres pájaro cantor / pero tu historia no brilla; / mi pluma que es amarilla, / tan linda y tan delicada, / forma una insignia sagrada / del pabellón de Castilla. (En la controversia anteriormente propuesta, el isleño emigrado en Cuba, José Hernández Negrín, representa al sinsonte de los campos de Cuba, mientras que Manuel Rolo, de la Gomera, personaliza al canario).[31]

LA COCINA

Como cabe suponer, las mujeres canarias trasladaron a las cocinas de Cuba los platos más típicos de las siete islas de procedencia, y mezclaron los ingredientes que trajeron con los de la culinaria criolla. No se olvida que las isleñas enseñaron a las cubanas incluir en el desayuno de los niños el gofio con leche o con azúcar y un poquito de agua.

Por recíproca influencia en costumbres y gustos, algunos platos de Cuba sufrieron pequeñas adaptaciones con motivo de frijoles, viandas, tubérculos y legumbres que se trajeron de Canarias y fueron sembrados los patios de la Perla de las Antillas. En la actualidad, muchos de estas comidas se preparan en Canarias como antaño lo hicieron las isleñas en Cuba.

Las familias canarias que antes de 1959 vivíamos en el campo éramos tan humildes como los guajiros. Muchas veces teníamos que contentarnos con un plato de harina de maíz, huevo frito y un boniato hervido o leche de vaca con arroz y pan.

Pero si teníamos un trozo de tasajo, era como una fiesta... mi madre le quitaba la sal y lo hervía dos o

(31) Controversia publicada en la página 398 de la antología Islas La Isla, estudio y selección de Javier Cabrera. Editado por la Consejería de Educación, Cultura y Deportes. Gobierno de Canarias. 2003.

tres veces, luego lo desmenuzaba y sazonaba con cebolla, ajo y lo que se tuviera a mano. Lo ideal era acompañar el tasajo con frijoles negros, arroz blanco y boniato hervido o frito. (Remembranzas de Pastora Acosta, Güines, 1998).

Las canarias trasladaron a Cuba utensilios de sus cocinas como el lebrillo, la bandeja de barro circular que es más ancha por el borde que por el fondo, y otras vasijas. Además, ellas fabricaron artesanalmente objetos como la bandeja rectangular de lata, utilizada para preparar en el horno tortas y budines de trigo.

A continuación ofrecemos algunas recetas que forman parte de las costumbres en las mesas tanto cubanas como canarias:

La cazuela.- Los ingredientes: Una gallina, tres ajos macerados, una cebolla picadita, medio pimiento verde de tamaño grande cortado en trocitos, una rama de cilantro, azafrán o pizca de comino molido, sal a gusto, cuatro papas cortadas, una malanga picada en tres partes y trozos de una calabaza.

Preparación: En una olla con agua hirviendo se echa la gallina, así como una cucharada de aceite, la cebolla y dos cucharadas de pasta de tomate. A continuación se le añaden las viandas y el resto de los ingredientes. Cuando todo esté cocinado, se apaga el fuego y se sirve en una fuente para ser presentada en la mesa.

Filetes de pescado.- Dos horas antes de freírse, los filetes de pescado se adobarán con ajos machacados y si lo desea puede salpicarles una pizca de orégano, y otra de pimienta, además de ser rociados con poquita sal y el zumo de limón o vinagre. Para evitar que durante la cocción se desmenucen, antes de freír cada filete debe pasarse por harina de trigo: En un sartén con aceite caliente, los filetes se fríen por varios minutos y a fuego lento. A punto de apagarse el fuego, se añadirán algunas rodajas de cebollas.

Potaje de garbanzos con acelgas.- Es un plato que se elabora con estos ingredientes: seis hojas de acelga (en su lugar se puede utilizar col), media libra de garbanzos, una tajada de calabaza, dos papas, un trocito de carne de res o de cerdo, tres dientes de ajo, dos ajíes medianos, un trocito de tocino, la mitad de un chorizo o de una morcilla o ambos trozos, dos cucharadas de aceite y sal a gusto.

Elaboración: La noche anterior se ponen en remojo los garbanzos. Al día siguiente, en una cazuela con agua hirviendo se vierten los granos y cuando se hallan ablandados, se añaden primero las papas cortadas en trocitos, continuadas por la calabaza, picada en tres partes. Poco después se vierte en la cazuela el sofrito que se hizo con tres cucharadas de aceite, así como los condimentos, especias y el chorizo o morcilla o ambos productos cortados en rebanadas. Ya cocinados los garbanzos, se apaga el fuego y por último se añadirán las hojas de acelga cortadas; después, se tapa la olla para permitir la cocción al vapor.

Carne con papas.- Lleva los siguientes ingredientes: libra y media de carne de ternera, cerdo o de res, tres papas, dos zanahorias, una cebolla, tres dientes de ajos, dos ajíes verdes de tamaño mediano, una hoja de laurel, dos cucharadas de pasta de tomate, un vaso de vino seco, cuatro cucharadas de aceite y sal a gusto.

Modo de preparación: la carne se corta en trocitos que se doran a fuego lento. Se hace el sofrito con los tomates, cebolla, ajos, todo bien picadito y se añaden la pizca de pimentón, laurel y por último, una taza de vino seco. En el caldero se unen los trozos de la carne con el sofrito, así como las papas y zanahorias cortadas en dados, además de un poco de agua. Cuando todo esté cocinado, se apaga la candela. La carne con papas se servirá en una fuente.

Conejo en salsa.- Ingredientes: Carne de un conejo cortada en trozos y dorada a fuego lento; un vaso de vino tinto o seco, un sofrito que contenga un tomate picado en tres partes, tres ajos machacados y una cebolla picadita, tomillo, ramitas de perejil, una cucharadita de orégano, así como 4 cucharadas de aceite.

Elaboración: A fuego lento y en una olla se cocinará la carne de conejo con un poco del caldo con el que ya fue ablandada, además de la sal a gusto, la taza de vino y el sofrito. Y cuando la salsa haya espesado, podrá servirse este exquisito plato.

Ropa Vieja.- Ingredientes: una libra de carne de res o de puerco, un vaso de vino seco, un tomate maduro, una cebolla mediana, un ají grande, 2 dientes de ajo, una hoja seca de laurel, azafrán, perejil, sal a gusto y pizca de pimienta negra si lo desea.

Elaboración: en una cazuela con agua hirviendo se echa la carne sin cortar y cuando esté bien ablandada se saca del caldo y se desmenuza o deshilacha. A la carne ya deshilacha se le añade la cebolla picada, así como el tomate, la pizca de pimienta y los ajos machacados, el azafrán y la sal a gusto. Todo junto se sofríe dentro de una cazuela con aceite y al final de la cocción se vierte el vaso de vino, así como el perejil picadito. Si lo desea, puede mezclarse con cuadritos de papas fritas.

Con el caldo de res se hace un consumé o sopa de fideos, acompañado de media cebolla picadita, un ajo macerado, un ají cachucha y una hoja de laurel u hoja de orégano de la tierra.

Es costumbre entre los cubanos y los canarios residentes en Cuba terminar la cena con un postre y de ahí el que le ofrecemos:

Arroz con leche- Es de elaboración muy fácil: En una cazuela y a fuego lento se hierve un litro de leche con un palio de canela y 8 cucharadas de azúcar; poco después se le añade una taza de arroz, una cascarita de limón. A partir de este momento, el arroz con leche se remueve frecuentemente para evitar la raspa en la cazuela. Cuando el arroz esté blando a punto casi de crema, se vierte por raciones sobre platillos o potes pequeños, y cada uno se espolvorea con canela en polvo. Debe comerse preferiblemente frío.

De las bebidas que los isleños solían preparar en los humildes hogares del campo, todavía es posible disfrutar del llamado mejunje con hierba buena.

Mejunje a lo canario.- Su modo de preparación no es complicado: en un litro de ron se echan 250 gramos de azúcar prieta (cruda), la que debe diluirse por completo, y además, se añaden cinco cucharadas de miel de abeja, una rodaja de limón, pizza de canela en polvo. Todo junto dentro de una vasija tapada y sellada por los bordes, se dejará en reposo durante una semana, al cabo de la cual se cuela el licor: A continuación el licor se vierte en una botella de cristal con dos tallos y sus hojas de hierba buena.

Cúmplase así mi extraordinaria suerte: / Siempre a los pies de la beldad que adoro, / Y no quiero mi vida ni mi muerte. (Del poema Las Contradicciones, de Gertrudis Gómez de Avellaneda)

Los tiempos azarosos

Según cálculos no precisados, durante los primeros 30 años del siglo pasado, XX, alrededor de 100,000 canarios llegaron a Cuba, fundamentalmente por los puertos de La Habana y Caibarién, y fueron importantes los emplazamientos de isleños en los pueblos y ciudades donde ya existían numerosos núcleos de familias, como en Caibarién, Zaza del Medio, Taguasco y Cabaigúan. Otros pueblos y barrios en La Habana que incrementaron la presencia isleña fueron Jesús del Monte, Bejucal, Güines y Santiago de las Vegas. En el centro de Cuba también hubo gran aumento de hijos de las siete Islas Canarias.

Nunca disfrutamos el período de prosperidad económica de la Cuba republicana, llamado de las Vacas Gordas. Para nosotros y los guajiros cubanos siempre hubo vacas flacas, mucha pobreza, sin luz eléctrica en los bohíos, viendo crecer a los hijos sin escuelas ni maestros.

Me partió el alma aquella vez que mi hijo de 8 años me preguntó ¿Papá yo me porto tan mal que los Reyes Magos nunca me traen juguetes? Si había un dinerito era para comprarle zapatos, porque la mayor parte del año andaba descalzo por la tie-

rra, lleno de parásitos. Yo al muchacho le amarraba dos laticas a un cordel y le decía, mira esto es una yunta de bueyes para que juegues. (Testimonio del isleño Joaquín Pimentel, fallecido en La Habana en 1988).

Es la etapa de los gobiernos de los presidentes (liberales y conservadores): José Miguel Gómez, Mario García Menocal y Alfredo Zayas, que consagraron la corrupción política y administrativa del país. En este lapso sucedió la insurrección *La Chambelona*, extendida por cinco provincias, liderada por el Partido Liberal contra el presidente del Conservador y sus seguidores, la que fue sofocada por la superioridad militar del gobierno de Mario García Menocal y la intervención del gobierno de los Estados Unidos que ordenó el desembarco de infantes de marina, en algunos lugares de la Isla.

*Yo soy la que en un tronco solitario, / reclino, triste, la cansada frente, / y dejo sosegada y libremente / mis lágrimas rodar. (*Fragmento de Melancolía, poema de Luisa Pérez de Zambrana)

LA DESAPARICIÓN DE VALBANERA

Con el título *La desaparición del Valbanera,* la autora de este libro publicó un artículo el 1ro. de septiembre de 1995, a petición de numerosos lectores de Bohemia, la más influyente revista de Cuba, reproducido a continuación:

El buque correo *Valbanera* de la línea Pinillos, que en 1919 hacía la ruta Barcelona-Las Palmas-Santiago de Cuba-La Habana-New York, con motivo de un ciclón debió naufragar entre el 9 y el 10 de septiembre de ese año, entre Matanzas y La Habana. Tras haber dejado el vapor el puerto de Santiago de Cuba, continuó navegación hacia La Habana pese al mal estado que ya presentaba desde su salida de Barcelona, pues estaba escorado de estribor.

En el puerto santiaguero desembarcaron cuatrocientos pasajeros, muchos de origen canario. Uno era un comerciante radicado en la isla cubana, que prefirió hacer el viaje en tren hacia La Habana, para adelantarse en 40 horas a la llegada del buque al puerto habanero en el que venían la esposa y dos hijas. Este hombre perdió la razón cuando supo de la desaparición del Valbanera a su paso por el canal de la Florida y durante muchos años le vieron vagando por el malecón y de frente al horizonte marino.

Entre los pasajeros que se quedaron en Santiago de Cuba se hallaron: el fogonero Juan López, el isleño Alejandro Sánchez (luego se fue a Ciego de Ávila); el artista francés Luis Blanca, la francesa Cocotte, llamada Irma, y una familia canaria (que traía a la niña de diez años Ana Goyes con una enfermedad contagiosa), por lo cual decidió viajar en tren hasta Jagüey, donde se supone todavía vivan sus parientes.

Después de cinco días de incertidumbre, se llegó a la conclusión de que el Valbanera había zozobrado sin dejar rastro. Pero como todo era negocio en aquella época, y la Consignataria del buque y sus armadores de la compañía Pinillos no podían cobrar el seguro, a varios cubanos negociantes se les ocurrió proponer a los dueños de la nave hacer “aparecer” al Valbanera. Para tal show se prestó el periódico El Mundo, que publicó informaciones mentirosas como estas: "Está el Valbanera cerca de Cayo Hueso", "Un destroyer yanqui con el Almirante Benson al frente localizó la nave". También informó de buzos que habían encontrado los restos del vapor en el bajo Rebeca, en el Cayo Media Luna, cerca de Cayo Hueso.

Por su parte la empresa aseguradora inglesa no se tragó la mentira y en componenda con un funcionario norteamericano en La Habana y el presidente cubano Menocal, le pusieron punto final al asunto al anunciar que hasta pasados noventa y nueve años después del hundimiento no se haría efectivo el seguro.

El origen del nombre de este buque se debe al santuario de la Virgen de Valbanera, situado cerca de la sierra de Cameros, en la castellana provincia de Logroño, próxima al Rioja. Fueron los armadores de esta localidad quienes le bautizaron con ese nombre. El vapor en el momento del hundimiento, llevaba a bordo unos 300 pasajeros y 150 tripulantes, de ellos unos 60 eran niños y 40 mujeres.

En la novela *Mamá Teté*, de Evelio Bernal, se relata con muchos detalles el trágico destino del Valbanera, cuyo texto puede ser localizado por los lectores de *Bohemia* en la Biblioteca Nacional José Martí, La Habana, Cuba. El artículo fue publicado con una foto del joven capitán Ramón Martín Eduardo Dols, 34 años de edad, quien aceptó navegar pese a que el Valbanera se hallaba completamente escorado de estribor. Era de familia aristócrata y llevaba ocho años dirigiendo vapores de la línea Pinillos, Izquierdo y compañía.

Por otro lado, en la Biblioteca de la Asociación

Canaria *Leonor Pérez* encontramos más datos sobre la desaparición de la mencionada nave en el libro *El Valbanera "El Titanic de la emigración canaria"* de los autores Mario Luis López Islas y Ester Lidia Vázquez Seara, donde se informa que el vapor zarpó el 10 de agosto de 1919 de Barcelona y tocó puerto en Málaga, Cádiz y La Palma para continuar travesía y atracar el 3 de septiembre en San Juan Puerto Rico y el día 5, en Santiago de Cuba. Añade la investigación que en la noche del 9 de este mes navegaba el Valbanera rumbo a la bahía de La Habana, pero que avisado el capitán de la tormenta que azotaba la provincia occidental cubana, intentó alejarse y desapareció. Las noticias fueron confusas y motivaron una fuerte conmoción en Islas Canarias. Fueron días de búsqueda inútil. Luego se supo que nunca el Valbanera pudo zafarse de la furia del huracán y se hundió.

Diez días más tarde la nave fue localizada hundida, a 40 millas al oeste de Cayo Hueso, con todos sus tripulantes y pasajeros, o sea: los 450 ahogados, pues nadie se atrevió abordar los botes de salvavidas, que se hallaron intactos y vacíos en los respectivos sitios de emergencia. El 30 de septiembre de 1919, la Asociación Canaria celebró una misa fúnebre en la iglesia de La Habana donde es adorada la Caridad del Cobre, Patrona de Cuba, mientras todas las banderas de las sociedades españolas, así como las instituciones cubanas izaron tanto la de España como la de Cuba, a media asta en señal de luto.

El Valbanera era de 10,500 toneladas. En su viaje hacia América cargaba telas de Cataluña, y productos de Valencia, Málaga y Cádiz como ajos, frutas secas y vinos. Por su parte, la compañía Pinillos había perdido en tres años igual cifra de buques: *Príncipe de Asturias*, *Pío IX* y el *Valbanera*, cuyo valor fue de 30 millones de pesetas. Los autores del título: *Valbanera "El Titanic de la emigración canaria":* Mario Luis López Islas y Ester Lidia Vázquez Seara, viven en Cabaiguán, Sancti Spíritus, donde aún es posible conversar con hijos y nietos de los que sobrevivieron a la tragedia, porque desembarcaron en Santiago de Cuba y continuaron viaje hacia el centro y occidente de la isla caribeña utilizando el transporte terrestres.

En Cuba la más importante prensa se hizo eco de la desaparición del Valbanera en 1919. Entre estos medios la revista *Bohemia* dio seguimiento a la tragedia hasta finales del siglo XX, con añadidos de las nuevas investigaciones. Por ello, solamente en el decenio de 1980 divulgó cuatro trabajos periodísticos; uno advierte que la mayor parte de los canarios del naufragio venían a la Isla para incorporarse a las más duras labores del campo: la zafra de la caña de azúcar y la cosecha del tabaco.

El barco yace / como un gran laúd sin cuerdas, / cual alarma silenciosa / en la isla de los espejismos. / Uno puede vivir con su código / pero en el horizonte escuhado / algo quieren decir los muertos. (Fragmento de la poesía Réquiem por el Valbanera, de Suset González Rodith. Participó en el IX Juegos Florales).

LAS VACAS GORDAS Y FLACAS

El estallido de la primera Guerra Mundial, 1914, originó una favorable repercusión económica en

Cuba, pues la liquidación de las cosechas de remolachas en Europa le abrió los mercados internacionales al azúcar cubano. Ello motivó en la Isla el florecimiento económico llamado la Danza de los millones o Vacas Gordas, fundamentalmente entre 1916 y 1920, que rápidamente, a mediados de 1920, fue remplazado por el de las Vacas Flacas.

Entre los emigrados canarios que llegaron a Cuba alrededor de 1921, estuvo José Miguel Pérez Pérez, quien se vinculó con los líderes revolucionarios obreros y marxistas. Fue director de la Escuela Racionalista de La Federación Obrera de La Habana, e integró el ejecutivo de la Agrupación Comunista en esta provincia y junto con el líder antiimperialista Julio Antonio Mella colaboró con la Universidad Popular José Martí, 1923.

Asimismo, José Miguel Pérez, como delegado asistió al congreso de fundación del primer Partido Marxista de Cuba, 16 de agosto de 1925, y fue elegido Secretario General. Poco después fue detenido y expulsado a España, el 2 de septiembre de este año. En Canarias continuó la lucha revolucionaria. En La Palma creó La Federación de Trabajadores (1930) y el Partido Comunista de La Palma (1933) El 4 de septiembre de 1936, los fascistas lo apresaron y fusilaron en Santa Cruz de Tenerife.

Terminada la Segunda Guerra Mundial llegó a Cuba una inmensa emigración canaria legal y también por vía ilegal, entre 1943 y 1958. Aunque nunca se sabrá con exactitud el monto real, son conocidas las causas fundamentales, entre ellas: huir del régimen de Franco; reunificación de la familia canario-cubana, y porque todavía se hallaba vigente la política de blanquear al país caribeño.

"Migración golondrina" se les denominó a gran

parte de los nuevos canarios por el carácter de estacionalidad ya que muchos habían sido contratados para trabajar de manera temporal en la zafra de la caña de azúcar, el tabaco, el café, y en las labores del ferrocarril de Matanzas.

Toda mi vida ha sido un desastre / del que no me arrepiento. / La falta de niñez me hizo hombre / y el amor me sostiene. (Fragmento de El Agradecido, de Rafael Alcides, poeta, narrador y editor, descendiente de familia canaria).

LOS AFORTUNADOS

Durante las primeras décadas del siglo XX, en Cuba los españoles continuaban siendo los dueños de un gran número de empresas. De tal modo que el 40 por ciento de las propiedad urbana estaba en manos españolas; 40 empresas de tejidos; 25 ferreterías; 62 almacenes de víveres; los 10 mejores hoteles de la Isla; 40 fábricas de tabaco y 14 de cigarros; 5,000 vegas de tabaco, 18 fábricas de conserva de carnes, y alrededor de 15,000 establecimientos de productos varios.

En los inicios de la colonia española hubo un grupo de canarios dueños de navíos y sobre todo de negocios de mercadería; muy sonado ha sido el núcleo de mercaderes instalados en La Habana, alejados de los sufrimientos de la gran mayoría de sus coterráneos, condenados a trabajar como mano de obra barata o casi esclava.

¿Por qué salí de Canarias? La causa principal para dejar la tierra donde uno nació es la miseria, yo tenía que buscar El Dorado y los indianos que re-

gresaban a La Palma, hablaban de que en Cuba se podía encontrar a la gallina de los huevos de oro. Pero yo nunca la encontré ni en el campo ni en la ciudad. (Recuerdos de José López, murió en San Antonio de los Baños a los 92 años de edad).

En apretada síntesis, se ofrecen los nombres de algunos propietarios y empresarios de origen canario que se enriquecieron en Cuba antes de 1959, entre quienes se halló el Conde de Pozos Dulces, Francisco Frías Jacott, nacido en Canarias, 1809, y fallecido en La Habana, 1877. Por las iniciativas y aportes al desarrollo de la agricultura en Cuba se inscribe en la historia de la industria azucarera y de la producción agrícola. Fue célebre coleccionista de valiosas piezas del Egipto y la Grecia de la antigüedad, cuyo tesoro hoy se exhibe en una sala que tiene su nombre, en el Palacio de las Bellas Artes de la capital cubana.

Tomás Felipe Camacho fundó La Quinta de Salud Canaria en La Habana y creó entre 1943 y 1952 el Orquideario de Soroa en Pinar del Río. Invirtió un millón y medio de pesos en la creación del fabuloso jardín con más de 700 especies de orquídeas, que luego alcanzó a los 5 mil ejemplares, dedicado a la hija fallecida muy joven y a la esposa que también había muerto. El distinguido abogado había nacido en Aridane, Las Palmas de Gran Canaria, era dueño de un central y de la urbanizadora Prado Altos S.A. Murió en 1960 durante una visita que le hizo a Islas Canarias. Años después, el Orquideario fue declarado Patrimonio Nacional y cuenta con un centro científico y un laboratorio para la investigación de estas plantas y la obtención de nuevas variedades.

Domingo León González fue presidente de la Asociación Canaria entre 1918 y 1921. Era propietario de 4 ingenios de azúcar en la región central, uno llevó el nombre de la esposa, Fidencia. León González llegó a convertirse en una de las figuras más influyentes de la sociedad cubana en los dos primeros decenios del República.

Mercedes Morales Calvo, descendiente de canarios por vía paterna, era presidenta y propietaria de la Compañía Azucarera Güiro Marrero S.A. y del central Occidente. También descendiente de canario pero por vía materna, Juan Manuel Pujol Balmaceda era propietario del Banco Pujol con 14 sucursales y de fincas ganaderas en Placetas.

Otros isleños dedicados a diferentes negocios y actividades comerciales en Cuba durante el siglo XX, crearon importantes compañías que originaron sus fortunas. Algunos de estos empresarios fueron Juan Hernández Herrera, Avelino Castañeda y Teobaldo Padrón, vinculados a las inversiones industriales y financieras.

Entretanto, Amadeo Crespo Pérez, hijo del comerciante canario Eulogio, fue presidente y propietario principal del Banco Crespo, dos comercios minoristas y agencias de seguros, vivió en Cabaigúan, falleció en 1941. Rogelio Díaz Pardo, nieto de canario, fue propietario de dos centrales, una finca ganadera, un molino arrocero, un banco local, varios inmuebles y una destilería. Su fortuna se favoreció al contraer matrimonio con la cienfueguera Josefina Castaño, propietaria de más de 26 empresas.

Máximo de la Luz Borges del Junco, hijo del canario Agustín Borges, fue Ministro de Obras Públicas en 1938, y propietario de una fábrica de mosaicos y de la contratista de obras Max Borges e Hijos.

Mira y no las descuides. / Las islas son mundos apartes, / cortadas en el mar / transcurren en su soledad de tierra sin raíz. / En el silencio del agua una mancha / de haber anclado sólo aquella vez / y poner los despojos de la tempestad y las ráfagas / sobre las olas. (Fragmento de Las Islas. Autora: Reina María Rodríguez, poeta y narradora. Nieta de abuelos canarios).

LOS AHORCADOS

No fueron pocos los canarios incorporados a las luchas de los trabajadores por el mejoramiento económico, social y político de Cuba. Muchos sufrieron prisión, tortura o perdieron la vida, cuyos hechos se mantuvieron hasta 1959. Es el período de gran repercusión histórica y heroísmo, que tuvo como protagonistas a cubanos y destacado número de isleños.

La Isla alcanzó la más alta tasa de suicidio del mundo y creció la criminalidad y la proliferación del juego. Cuba se convirtió en un garito, bajo la influencia del capital estadounidense. Las pésimas condiciones de vida del pueblo incrementaron el delito que provocó una criminalidad social generalizada.

La economía insular dependía del mercado norteamericano por el Tratado de Reciprocidad que, en los inicios de la República, impuso el gobierno de los EE.UU. Esta estructura comercial se agravó a partir de la crisis económica capitalista de 1920.

Por consiguiente, la industria azucarera cubana atravesó la peor crisis de su historia hasta ese momento. Los nefastos efectos recayeron sobre la masa campesina de canarios y cubanos que solo trabajan en los breves períodos de cortes de caña y siembra.

Entre 1913 y 1021 gobernó Mario García-Menocal y Deop, a quien por su agresiva política antiobrera el pueblo lo llamó Mayoral y el Káiser de Cuba, y le dedicó un estribillo de burla:

Corta la caña
y anda ligero
mira que viene el Mayoral
sonando el cuero

Yo no tumbo caña
que la tumbe el viento,
que la tumbe Lola
con su movimiento.

Menocal fue seguido por Alfredo Zayas (gobernó entre 1921-1923), quien asumió el poder en medio de una profunda crisis económica, financiera y política iniciada el año anterior a su mandato. Se distinguió por entregar el destino de Cuba a la injerencia estadounidense. A finales de 1924 se celebraron los comicios generales y fue elegido presidente Gerardo Machado, quien ocupó la silla presidencial el 20 de mayo de 1925, para gobernar la Isla con brutalidad represiva. Lo primero que hizo fue descabezar los movimientos populares y desatar la más cruel represión contra cualquier opositor a su mandato, por lo cual ordenó la expulsión de Cuba del líder comunista canario José Miguel Pérez.

Los crímenes comenzaron a tipificar el régimen de Machado y uno de los más repudiables y escandalosos ocurrió en Ciego de Ávila cuando fueron ahorcados 40 campesinos canarios, en represalia por el secuestro de un terrateniente de aquella zona. Cuarenta familias canarias-cubanas quedarían destrozadas de dolor y condenadas a la más espantosa miseria.

Los avileños jamás olvidaremos aquel repugnante crimen. Hubo un tiempo en que los campesinos decían encontrarse a los infelices isleños deambulando por las guardarrayas, otros los veían pender de árboles y hasta dicen que en noches de luna se escuchan gritos de dolor cerca de donde fueron ahorcados los 40 canarios. Cierto es que no hay libro de Historia de Cuba donde no aparezca este pasaje de la sangrienta dictadura de Machado. (Entrevista a Esther Parra, Ciego de Ávila, 2002).

En el curso del período republicano fueron encarcelados isleños acusados por defender al proletariado, entre estos Secundino Guerra Hidalgo (Guerrero) y Diego González Martín, activo dirigente de la juventud comunista, nacido en Tenerife; ingresó en el Partido Comunista de Cuba en 1932; fue víctima de encarcelamientos diversos. Ejerció el periodismo en el diario Hoy y en la revista Bohemia, y fue profesor de la Facultad de Sicología de la Universidad de La Habana. Murió en La Habana en 1998.

Durante el gobierno de los 100 días de Grau San Martín, 10 de septiembre de 1933 al 15 de enero de 1934, fue promulgada la Ley de Nacionalización del Trabajo o del 50 por 100. El 18 de noviembre de 1933 el Decreto 2583 que implantó la obligación de que no menos del 50 por ciento de obreros y empleados en centros de trabajo fueran cubanos nativos. Tal modificación fue la razón por la cual un número de peninsulares (entre ellos canarios), se acogió a la ciudadanía cubana, pues en el artículo 82 se estipuló que podían ejercer oficios y profesiones solo los cubanos por naturaleza y los extranjeros nacionalizados. Ello dio pie a que aumentara la cifra de los españoles que optaron por la nacionalidad cubana. Esta Ley devino en freno importante de la emigración española a Cuba. Fue época de gran repatriación de peninsulares. Antes que Grau, ya Machado había fomentado el rechazo a la numerosa presencia en la Isla de trabajadores extranjeros, y puso en el argot popular las frases: *Cuba se basta a sí sola; Hay que cubanizar a Cuba,* y *Fuera todo lo extranjero.*

La Ley provocó el cierre de establecimientos comerciales propiedad de españoles y por consiguiente desempleo, lo que motivó la manifestación de protesta el 17 de diciembre de 1934, auspiciada por la Central Nacional Obrera de Cuba, CNOC. Algunos españoles, entre ellos canarios y gallegos, se dedicaron a la venta ambulante, de escobas, palos de trapear, retazos de tejidos, y de ahí aquel estribillo que se escuchara en las calles habaneras de los vendedores de chucherías y galleticas María:

Vendo bollito caliente
a ver quién me lo compra.
Galleticas de María

galleticas de limón
galleticas de María
qué ricas que son (bis)

Otros se dedicaron a trabajos particulares como los carpinteros, albañiles, plomeros, afiladores de cuchillos y tijeras, o vendieron carbón y botellones de agua potable. Posteriormente, el Decreto del 26 de abril de 1942, dependiente de la Ley de Reglamento de Inmigración dictó la prohibición de entrada a Cuba de la mano de obra por contrato, a la que se unieron otras medidas que contribuyeron a la merma de la emigración española hacia Cuba.

De todas maneras, en menor cantidad en los años sucesivos continuaron llegando a la Isla sobre todo gallegos y canarios hasta 1959, cuando triunfa la Revolución y se produjo el fin de la emigración española. Asunto a la inversa, o sea que el nuevo éxodo de los españoles se originó de Cuba hacia los Estados Unidos fundamentalmente, donde muchos volvieron a fomentar los pequeños comercios, similares a los que les fueron intervenidos en la isla caribeña.

Génesis que ayer sucumbía / ante la ida de plantar roquedales / sedientos de tu archipiélago desnudo. / Hoy, conforme con palpar el ocaso, / traigo un mazo de evocaciones / arrancadas de lo más hondo / de la utopía. (Fragmento de Simiente. Autora: Yanelys Hernández Cordero. IX Juegos Florales).

LA LARGA PESADILLA

A partir de 1935, Cuba vivió una larga pesadilla

de terror, crímenes, desempleo, y malestar social de todo tipo, que no frenó la efervescencia revolucionaria. Las cárceles se llenaron de presos, y fue activada la demagogia de los políticos que anunciaron cambios democráticos. Por otra parte, el pueblo cubano expresaba la solidaridad con la República Española, que desde 1936 luchaba heroicamente contra la sublevación y agresión fascista. Y, cuando se inició la Segunda Guerra Mundial, 1939, Cuba colaboró con las fuerzas democráticas y antifascistas con diversa ayuda, especialmente con el envío de azúcar, así como la participación voluntaria de hombres en los ejércitos aliados. Internamente aumentó en la Isla las diversas lacras, entre estas surgió el gansterismo, la ofensiva antiobrera y creció también el descontento popular.

Dentro de este lapso cronológico asumieron la presidencia de la República, respectivamente Miguel Mariano Gómez, Fulgencio Batista, Ramón Grau San Martín y Carlos Prío Socarrás, quien es depuesto el 10 de marzo de 1952 por el golpe de Estado que encabezó Fulgencio Batista y Zaldívar. El zarpazo de Batista envolvió al país en terror, torturas, crímenes, violencias, atropellos contra la clase obrera y estudiantil y profundo malestar social.

Cubanos e isleños protagonizarían momentos de arrojo como fue el asalto el 26 de julio de 1953 al segundo enclave militar más importante del régimen de Batista, el cuartel Moncada, donde fueron prisioneros y después asesinados tres descendientes de isleños horas más tarde de frustrada la acción: Pedro Marrero Aizpurúa, el médico Mario

Muñoz y Miguel Ángel Oramas. Se haría interminable la lista con los nombres de más isleños o descendientes de estos que también se distinguieron en las posteriores acciones de la etapa comprendida entre 1953 y 1959.

Citaremos algunos: César Fernández González (contribuyó con armas al asalto del cuartel Goicuría); comandante Faustino Pérez Hernández (expedicionario del Granma y miembro del Ejército Rebelde); comandante Víctor Bordón Machado (combatió en la guerrilla del Escambray); José Luis Gómez Wangüemenrt (cayó en el asalto al Palacio Presidencial, 1957); Orlando Fernández Montes de Oca (asesinado en 1958) y el capitán Braulio Coruneaux Betancourt (muerto en combate en la Sierra Maestra).

Mención especial merece Faustino Pérez Hernández porque forma parte de los hombres extraordinarios. Quienes lo conocieron han dicho que con su sola presencia purificaba el ambiente. Nació el 15 de febrero de 1920 en Zaza del Medio, zona al centro de Cuba donde radicó una masa de isleños, en la hoy provincia de Sancti Spíritus. Desde joven se distinguió por su honradez, nobleza y por defender a los desposeídos. Fundó el Movimiento Nacional Revolucionario y realizó múltiples acciones durante la clandestinidad; en La Habana fue jefe del Movimiento 26 de Julio, y más tarde integró el grupo del yate Granma (comandado por Fidel Castro), que desembarcó en la región oriental del país para iniciar la lucha armada contra el régimen de Fulgencio Batista, y fue uno de los 22 sobrevivientes del combate de Alegría de Pío, librado en la proximidad de la Sierra Maestra.

Tras 1959, Faustino ocupó diversos e importantes

cargos en el gobierno cubano. Fue Ministro de Recuperación de Bienes Malversados y en 1962 organizó y creó los servicios médicos sociales en la Sierra Maestra. También dirigió la lucha llamada contra los alzados en una de las zonas de operaciones de las montañas del Escambray; combatió en Playa Girón, por donde tuvo lugar la invasión de 1961. Asimismo, fue embajador en la República de Bulgaria; diputado del Parlamento Cubano, y presidente del Instituto Nacional de Recursos Hidráulicos.

Por otra parte, en la guerrilla de Bolivia, encabezada por Che Guevara, cayeron dos descendientes de isleños: Manuel Hernández Osorio (su hermana Martha integra el grupo Renacer de la Asociación Canaria de Cuba) y Alberto Fernández Montes de Oca (Pachungo, Pacho), quienes ya se habían destacado en la lucha insurreccional.

Una información más detallada sobre los canarios y sus descendientes involucrados en las luchas libradas en Cuba durante la República, se haya contenida en el libro *Los canarios y las luchas emancipadoras y sociales en Cuba*, del investigador Alfredo Martín Fadragas, quien desciende de familia canaria.

El primero de enero de 1959 la Revolución triunfó y en el nuevo proyecto constitucional, político, económico y cultural de Cuba, decenas de isleños y descendientes suyos volvieron a imprimir la huella en el acontecer cubano. Mientras otros grupos, afectados por las intervenciones de sus comercios y negocios pequeños y grandes, e inconformes en general con el sistema socialista, abandonaron la isla caribeña y se establecieron especialmente en Canarias y los Estados Unidos.

Isla / lejos de ti es cerca del punto / más sensible / de la herida del tiempo: / lejos de ti mi cuerpo elástico / en un lecho de filos / que amenazan al viento. (Fragmento de Carta a mi isla, de Juana Rosa Pita, poeta, periodista y editora, nacida en La Habana, es hija de familia canaria).

LA ASOCIACIÓN CANARIA "LEONOR PÉREZ CABRERA"

En la actualidad y según cálculos del año 2009, en Cuba viven aproximadamente 600,000 canarios y descendientes. La edad media de los isleños cubanos se estima por encima de los 70 años. Los asociados de la Asociación *Leonor Pérez Cabrera* suman alrededor de 40 000, donde disfrutan del encuentro con los paisanos, realizan diversas actividades culturales, recreativas y paseos.

Cuando en 1959 desaparece la *Asociación Canaria,* la comunidad isleña fundó el 16 de junio de 1992, con novedosos programas y perspectivas, la actual Asociación Canaria *Leonor Pérez Cabrera,* desde entonces la preside el isleño residente en Cuba, Carmelo González Acosta. La Asociación es una de las instituciones españolas establecidas en Cuba con el mayor número de asociados; tiene 106 órganos de base, distribuidos por las 15 provincias cubanas. Para su fundamental labor: social, cultural y humana, cuenta con los apoyos respectivos de los gobiernos de Cuba y el autónomo de Canarias. El último, ofrece la ayuda a través del Plan de Acción Integral en el Exterior, encaminado a priorizar el socorro a los nativos.

Instalada en la calle Monserrate 258, Habana Vieja, la Asociación Canaria de Cuba debe el nombre a la madre tinerfeña del Héroe Nacional de Cuba José Martí Pérez, doña Leonor Pérez Cabrera. Bustos y retratos suyos fueron realizados por artistas canarios y descendientes y están colocados en salas, paredes, y la biblioteca *Benito Pérez Galdós*

Fidel Castro Ruz en el *Libro de Oro* de la Sociedad Canaria *Leonor Pérez*, escribió:

> *De los canarios heredó nuestro campesino, principalmente, su serenidad, su honradez, su sentido del honor, y también su rebeldía.* (...)
> *Siempre he creído –y más lo creo en la actualidad- que la hermandad entre Canarias y Cuba no sólo tiene un pasado grande sino también un gran futuro.*
> *Fraternalmente*
>
> *Fidel Castro Ruz*
> *P.D. Por parte de mi madre llevo con honor un porcentaje de sangre "isleña".*

Anualmente, los socios de *la Leonor Pérez Cabrera* realizan el Festival de Tradiciones Canarias en los diferentes órganos de base. En estas fiestas participan cientos de asociados y artistas aficionados con ambiciosos programas, que incluyen las diversas manifestaciones del arte y la cultura tanto del folclor de Canarias como de Cuba. Entre las cuales sobresalen: artesanía popular, artes plásticas, música, danza, teatro, literatura, décimas, arte culinario, así como la vinicultura y el deporte.

La Asociación divulga el modesto *Boletín Isleño*, que circula a través de mil ejemplares por todos los órganos de base. Su perfil editorial es informativo, con la redacción a cargo de Alfredo Martín Fadragas. De manera sucinta, los lectores reciben las noticias, avisos, convocatorias a certámenes y los sucesos más importantes acaecidos en la colonia canaria de Cuba. También, se divulgan fragmentos de leyendas, poemas y recetas de cocina.

Martín Fadragas dirige la Secretaría de Divulgación de la Asociación, donde se distingue por su eficiente trabajo. Es un hombre sencillo, educado, presto a ofrecer la mano amiga y solidaria. En el árbol genealógico de su familia por vía paterna hay rama canaria y de ahí dos de sus características: tenacidad y nobleza. Pedagogo de profesión e investigador de historia, ha impartido clases en la Universidad de la Habana. Graduado de la Academia de Ciencias Sociales y Gestión Social de Bulgaria, incursiona en el periodismo con artículos divulgados en diferentes diarios y revistas, en tanto ha publicado alrededor de 20 textos, varios de estos con investigaciones sobre la presencia isleña en la Perla de las Antillas.

Durante todo el año, los canarios y descendientes participan de las múltiples actividades que la Asociación realiza en la capital y en las restantes provincias cubanas, entre ellas: excursiones, romerías, visitas a sitios de intereses históricos, deportivos y culturales. Además, efectúan charlas que amplían los conocimientos sobre Canarias y el quehacer de su gente en Cuba. En la etapa se entrega el Premio

Benito Pérez Galdós a los acreedores en los géneros de poesía, y otras narrativas. La institución también convoca a la participación de los socios en el certamen Viera y Clavijo, el cual premian a quienes hayan presentado los mejores trabajos en los géneros: novela, ensayo, biografía, testimonio, teatro, décimas, e investigaciones. Mientras que para los amantes de las Artes Plásticas existe el concurso Valentín Sanz Carta.

No pasan inadvertidas las efemérides de figuras insignes de Canarias y Cuba, como las relacionadas con el Apóstol José Martí y Leonor Pérez Cabrera. Entre otras fechas especiales se distinguen: El Día de la Candelaria, Día del Emigrante; Día del Educador, Día de la Hispanidad; natalicio de Benito Pérez Galdós, Fusilamiento de los Ocho Estudiantes de Medicina y el Día Nacional de la Cultura Cubana.

Por su lado, en cada delegación territorial y durante una semana tienen lugar las jornadas por el Día de Canarias; el Festival Cubano Canario de la Décima y el Concurso de Pintura *Valentín Sanz Carta,* que incluye ciclos de conferencias sobre Cuba y Canarias y excursiones a lugares de interés cultural e histórico.

Desde 1995 en la sede de la Asociación funciona la Cátedra Grupo Alisios de estudios cubano-canarios, donde matriculan adolescentes y jóvenes hasta los 18 años de edad. También se celebran certámenes y tertulias literarias, así como el Taller Literario *Silvestre de Balboa* y el coloquio Historiográfico-Cubano. El 21 de mayo de 2005, la Asociación amplió sus propuestas culturales con la creación de la Academia de Etnografía y Tradiciones Canarias en Cuba.

Amerita un comentario elogioso la fiesta de la poesía, los Juegos Florales, derivados de la labor del Grupo Literario *Silvestre de Balboa,* anexo a la Academia de Etnografía y tradiciones de la Asociación Canaria, dirigidos con verdadero preciosismo, pulcritud y pasión por el poeta, profesor y promotor literario Rafael Orta Amaro.

En los Juegos Florales participan adolescentes y jóvenes amantes del género poético. Durante el riguroso certamen, los noveles autores adquieren una mejor formación literaria a través de críticas, consejos, sugerencias y orientaciones profesionales del mentor del evento y el jurado, integrado por prestigioso poetas. No son pocos los hacedores de poesías en los Juegos Florales que aparecen en antologías cubanas y extranjeras o han publicado sus poemarios. Tengamos en cuenta la opinión del culto cubano con descendencia canaria, Orta Amaro:

> *Ninguno de ellos sobrepasa los veinticinco años, sin embargo, no deja de resaltarse cada empeño de hilvanar fielmente las figuras empleadas en sus poesías, que tributan un fino lirismo, estilo propio, y agudeza en el lenguaje, al entretejer con ahínco "canariedad", "insularidad", "atlanticidad" y "cubanía", por lo que auguramos que estas obras en verso libre han de sorprender siempre al lector.*

De tal suerte, es la compilación poética IX Juegos Florales, publicados con el sello Ediciones Cubano-Canarias, 2011. El volumen consta de tres partes y contiene 14 poemas en verso libre y breve, correspondientes a la anual y mencionada contienda, así como reseñas con los títulos de los ganadores de las convocatorias entre 2003-2010.

En el libro se insertan comentarios de intelectuales cubanos, algunos con ascendencia canaria, cuya mayoría ostentan el Premio Nacional de Literatura, que han integrando el jurado o fueron invitados de los diferentes eventos. Entre ellos: Miguel Barnet, actual presidente de la Unión de Artistas y Escritores de Cuba, UNEAC, quien ha expresado: *Ha sido una verdadera revelación poder estar con ustedes en un ambiente tan puro y reconfortante. Los jóvenes creadores que se forman en los talleres de la Casa Canaria navegan atinadamente por las aguas poéticas hacia un destino cierto.*

Sobre los VII Juegos Florales, 2009, Luis Marré, comentó: *El origen canario me trajo a presenciar estos juegos Florales, que por su originalidad y fervor expandidos, dejaron en mí, el grato aroma que desprende el cariño hacia las Islas que profesan estos jóvenes autores. Las emociones vividas tras apreciar los acentuados versos escritos por los descendientes de este grupo literario, me hicieron amar mucho más nuestra ascendencia proveniente de las Hespérides ancestrales.*

Pablo Armando Fernández, sobre el resultado del evento de 2003, dijo: *Los Jugos Florales dedicados a la poesía en verso libre, han sido para mí, una experiencia verdaderamente sorprendente. Detrás de las obras presentadas a concurso, fluye un arroyo memorioso de cuyas aguas bebe la literatura, gracias a un propicio y sostenido empeño que ja-*

más debe perderse.

Las premiaciones se realizan en la Asociación Canaria ante invitados y un numeroso público, compuesto por socios de la institución, padres, abuelos y otros miembros de la familia canaria-cubana, así como el jurado del evento. Se ofrecen las lecturas de los poemas seleccionados en concurso, unos correspondientes al Bando Azul y otros al Rojo, que son intercalados con interpretaciones de la música popular o lírica de Cuba y Canarias.

Por otra parte, la Escuela de Etnografía y Tradiciones Canarias tiene como profesora a la joven Lisbet Blanco Gutiérrez, bisnieta de canarios. Entre las actividades que celebra la mencionada escuela se hallan los bailes del folclor de las siete islas, realizados por experimentados grupos de jóvenes. De ahí, las funciones frecuentes, presentadas en la sede canaria de Cuba. Aficionada a la pintura, Lisbet monta exposiciones personales en la sala de la Biblioteca, donde hace poco estuvo su obra con la imagen de la Candelaria.

Otra trabajadora devenida en alma de la Asociación es Candelaria Nury Gutiérrez Álvarez, secretaria de la Junta Directiva Nacional de la Asociación y también secretaria del Presidente de la mencionada *Leonor Pérez Cabrera.* Ella nos dice:

> *Como nací el dos de febrero, 1951, Día de la Candelaria, mi primer nombre, Candelaria, me lo puso el abuelo Ángel, nacido en Tenerife y emigrado en la occidental tierra cubana de Guanes, y el de Nury se lo debo a mi madre. Soy nieta de cuatro abuelos canarios y estoy casada con Luis Blanco González, nieto a su vez de abuelos*

maternos isleños y de abuela paterna también canaria.

Uno especial logro de la Asociación Canaria lo constituye la biblioteca *Benito Pérez Galdós.* Abrió las puertas con 937 libros y en la actualidad esta cifra supera a los 3,000 títulos. También atesora periódicos, revistas, grabaciones sonoras y fílmicas. En los momentos que realizábamos la investigación para este libro, el funcionamiento de la biblioteca estaba bajo la atención de Gloria Esplugas Valdés. Ella explicó: *Su objetivo primordial consiste en apoyar los programas de investigación, educativos y sociales de la Asociación. Una parte del local se destina a la biblioteca infantil y otra, a los textos de carácter recreativo. La Biblioteca patrocina y organiza actos culturales, entre estos: conciertos, representaciones teatrales, exposiciones de artes plásticas y proyecciones cinematográficas. Conjuntamente la Biblioteca y el taller Literario auspician el Concurso de Cuento Ilustrado La Pardela Viajera, con el requisito de que los trabajos presentados deben inspirarse en la memoria y costumbres de familias canario-cubanas.*

Uno de los programas de mayor prioridad de la Asociación se dirige a la atención social y asistencial del adulto, mayor. De ellos, una cifra elevada sobrepasan los 84 años de edad. Para tal efecto, desde 1994 el gobierno de Canarias envía ayudas económico-financieras que incluyen las entregas de remesas pecuniarias y cuotas de diversas cuantías, destinadas a las necesidades más perentorias de cada asociado nativo. Por todo eso, con frecuencia los naturales de Canarias reciben donaciones como medicinas, ropas, sillas de ruedas, bastones, gafas, así como ayudas específicas para los damnificados de huracanes y otros desastres naturales.

A partir de 1994 fue puesto en marcha el programa Chicharros (mensajeros), el cual fue fundado primeramente en Tenerife y extendido a otros países. El proyecto Chicharros facilita los viajes temporales de los nativos a sus respectivas islas de nacimiento.

Asimismo, lunes, miércoles y viernes, alrededor de 100 isleños, entre las edades de 75 años y los 90, así como descendientes también de la tercera edad, son trasladados en el transporte de la Asociación a la sede central, para que pasen el día en las diferentes salas de entretenimientos e instrucción. La visita se inicia en el amplio salón de actos donde el grupo intercambia opiniones, sugerencias, preocupaciones e iniciativas, y recibe informaciones sobre asuntos internos y generales de la *Leonor Pérez Cabrera.* Seguidamente, los asociados realizan ejercicios de relajación física que contribuyen al buen ánimo y salud. A medio día, los asociados participan del almuerzo suculento en el restaurante de la institución.

Entre los múltiples servicios de la Asociación se encuentran el ya mencionado de gastronomía que abarca el comedor-restaurante; cafetería y bar, así como el transporte utilizado fundamentalmente por el grupo de la tercera edad, *Renacer.* Por otra parte, los jóvenes disponen también de transporte para el disfrute de las excusiones incentivadas por el Programa Alisios, e incluye el traslado de músicos, grupos de danza y teatro hacia los sitios donde se realizan espectáculos del folclor de Canarias.

Propiedad de la colonia canaria en Cuba es el Panteón de la Asociación en el Cementerio de Colón de La Habana, donde descansan centenares de hijos e hijas de las siete islas, así como sus familiares cubanos. Son los canarios que fundaron familiares en la capital cubana. Entre las personalidades descendientes de isleños que en este camposanto descansan sus restos se encuentran: José Cantón Navarro, a quien le fue conferido el Premio Nacional de Historia, y el actor Julio Alberto Casanova.

La Asociación Canaria *Leonor Pérez Cabrera* confiere el distintivo El Bardino Alado, consistente en una preciosa escultura de Thelvia Marín, a los cubanos y canarios que se destacan por la contribución al estrechamiento de los lazos de hermandad entre Cuba y Canarias, además de enriquecer el legado histórico, cultural y la difusión masiva de las ocho islas. La pieza escultórica, de color terracota, fue concebida por la autora Marín teniendo en cuenta la legendaria raza canina bardina, pero con alas de manera que sugiera el dios mensajero de los dos pueblos guanches.

El presidente de la Asociación, Carmelo González Acosta, nació el 22 de abril de 1935 en Las Palmas de Gran Canarias. A La Habana llegó en la nave Luciano Manara de una compañía italiana, el 28 de octubre de 1950. A la sazón tenía 15 años de edad y el propósito de hallar una mejor oportunidad económica. Tras el triunfo de la Revolución, se desempeñó como funcionario del Ministerio de Comercio Exterior de Cuba, hasta el retiro en 1996. Desde más de veinte años dirige la Asociación Canaria *Leonor Pérez Cabrera.* Es distinguido por la prepotencia y los exabruptos con que suele tratar a los subordinados.

Nadie imagina / cuánto presagian y reclaman / los versos de estas islas / porción de júbilo, presa de volcanes / sin miedo / A pesar del reto / de ser reino de la sed / y los sucesos anclados, / ellas no sucumben en el olvido. (Fragmento de la poesía Maneras de amar a Canarias", autora: Midsaly Fernández Pérez. IX Juegos Florales. 2011).

LOS TESTIMONIOS

MIGUELITO Y SU IMPRESIONANTE HISTORIA

Frecuentemente la Asociación Canaria de Cuba es visitada por decenas de socios que allí buscan al amigo o amiga, reciben conocimientos y recreaciones diversas como jugar al dominó. Uno de los asociados más longevos concedió para *Corazones Canarios Cubanos* una entrevista en exclusivo:

Me llamo Miguel Suárez Castellón pero todo el mundo me dice Miguelito. Nací en 1917 en una cueva volcánica. Yo fui un niño muy pobre, con mucho frío porque allí siempre el invierno es crudo, los dedos se entumecían y las orejas hasta se cuarteaban y como no tenía abrigo, pues ya sabe el cuerpo siempre temblando. Mis padres, Juan y Rosa, nunca tuvieron dinero para comprarme un buen abrigo.

Por suerte, vivo en Cuba hace muchos años y aquí siempre hay tanto calor como para derretirse. Tengo 91 años y aunque estoy recién operado de cadera, por nada del mundo dejo de venir a la Asociación Canaria, donde tengo muchos amigos y amigas... Allá en Canarias ya nadie se acuerda de aquel niño que jugaba en el barranco. Aquí me reúno con los paisanos y echo un juego de dominó todas las tardes, después del almuerzo.

Si no le duele mucho recordar el ayer, desearía que contara su historia personal.

¿Qué quiere que le cuente de mi vida pasada? Pues le diré: mi familia cuando vino para Cuba pasó tanto trabajo como un forro de catre y en Canarias fue lo mismo y quizás peor. Figúrese que la primera vez que me bañé en una bañadera esmaltada fue aquí, cuando cumplí 9 años de edad. Allá si me lavaban, era en una palangana...

Miguelito, me han dicho que usted fue un hombre hermoso, bien parecido, y que sigue siendo un derrochador de simpatía, me dijeron también que fue muy enamorado ¿Qué hay de cierto?

Mire, en la esquina de Prado y Neptuno, donde fue inventado el famoso chachachá La engañadora, yo bailé mucho con la orquesta de la Sociedad Canaria y las muchachas querían bailar conmigo porque era y soy buen bailador... y eso que la pierna izquierda me ha quedado más corta que la otra después que me operaron, pero yo sigo echando un pie...

Esa caída la tuve por matar una cucaracha y resbalé, me caí y aquí está Miguelito cojeando...Yo bailé mucho chachachá, charlestón, bolero, pasodoble que es fácil porque se camina suave para un lado, así mire cómo lo hago... Mucho pasodoble que bailé en las romerías...

Y de su isla natal ¿qué momentos más claros vienen a su mente?

Recuerdo a mi madre Rosa lavando en el barranco. Allá en el barranco nos daba el almuerzo: pelotas de gofio, a mi hermano José y a mí, y después que nosotros salíamos de la escuela.

Nos sentábamos debajo de un castaño y de otro árbol también grandísimo, que era de nueces. Después ella se ponía la canasta con la ropa lavada sobre la cabeza y partíamos para la cueva que era nuestra casa en Moya.

Dentro de la cueva teníamos una gallina y una chiva, porque durante mucho tiempo nuestra alimentación fue comer huevos y tomar leche de chiva. Hasta que un día mi padre fabricó una humilde casita frente a la cueva... y para allí nos mudamos los cuatro, menos los animales que siguieron durmiendo en la cueva.

¿Todos juntos vinieron para Cuba?

No que va, primero vino mi padre en 1923 a probar suerte y después llegamos nosotros, en 1926. Me acuerdo que yo estaba en Quivicán cuando pasó el ciclón del 26: aquello fue el mundo colorado... No quiero ver ni saber más de ciclones.

Aquí nacieron tres hermanos más, dos varones y una mujer. Mi padre que se llamó Juan, abrió el café: El congreso, le puso este nombre porque estaba frente al Capitolio. Vendíamos dentro del Parlamento la taza de café a tres centavos. A mi tío José Suárez Suárez yo también le ayudaba, pero con la venta de leche de su establecimiento en Concha No. 1 y el me decía: échale bastante agua para que podamos vender más litros...

¿Qué es para usted la Sociedad Leonor Pérez?

Mi vida. Mi sobrino Roberto me dice: Tú tienes un tesoro escondido en la Sociedad, mira que levantarte todos los días temprano y a las 5 y media de la mañana los lunes, miércoles y viernes para no llegar tarde... Él no cree que aquí aprenda muchas cosas de canarios como que las palabras jala y arrempuja las trajimos los isleños a Cuba... Yo encuentro toda la historia de Canarias en la Biblioteca de la Sociedad.

Y del Presidente ¿qué opinión tiene?

Mira, Carmelo atiende bien a la Sociedad, pero a veces se le va una patada. Es terco y no quiere perder ni a la escupía... él es el primero en llegar aquí y el último en irse, porque sabe que el ojo del amo engorda el caballo...

Quizás llevar demasiado tiempo al frente de la institución le ha dañado el espíritu al Presidente y se imagina vitalicio en el cargo, le comento y cambio para otra pregunta: ¿cuándo usted volvió a Canarias?

La volví a ver al cabo de 53 años, porque antes nunca tuve dinero para pagarme un pasaje... cuando cumplí 79 años, ya operado y con un bastón, en 1989 me monté en un avión ...era la primera vez que viajaba en un avión y por eso llegué doblemente emocionado a mi querida isla. Mire si la llevo en mi corazón que en mi casa de La Habana, durante diez años nunca dejamos de comer los platos típicos de Canarias: salcocho (ajiaco); frangollo (harina de maíz con azúcar y pasas); dulce de arroz con leche; bacalao con papas, torrejas...

A Canarias la encontré muy próspera...figúrese que tanto la casa que era de mis abuelos como la de mis padres, antes tenían pisos de tierra y ahora tienen losas... mi familia de allá prosperó y ahora vive en chalet, y los hay que son dueños del chocolate Tirma.

Y ¿por qué no se quedó?

Como Cuba no hay nada en el mundo, se lo digo de corazón, ni Canarias ni Valencia que son los otros lugares que me gustan mucho... De Cuba me gusta su clima, su gente alegre y arrestada: amo sus palmas, bien empinadas como para tocar el cielo. Aquí pudo alfabetizarme ¡aprender a leer y escribir! Fui miliciano en la Universidad... Ah y también fui el interventor de súper mercado Casalta, y el día que lo intervine me dijo el dueño que era un americano: Oiga cuídese de la cajera y del jefe de almacén que me robaban y a usted también le van a robar.

De los presidentes cubanos ¿cuál le pareció el peor?

Machado y Batista, los dos fueron malos... Machado mató mucha gente joven. Yo recuerdo que cuando trajeron las cenizas de Mella al parque de la Fraternidad al lado del Capitolio, hubo una manifestación enorme y llegó un sargento que había mandado Batista con una tropa y en cuanto vio una bandera roja izada, se puso a tirar a lo loco balas contra la multitud y el lugar se convirtió en un infierno... Mi padre dijo: a cerrar el café... aquello fue el acabose: tiros por aquí y tiros por allá...

Entonces, aquel día ¿no vendieron café?

No, que va... la vida primero y el dinero después. Yo vendí mucho café a los senadores y representantes...el único honesto que conocí fue Juan Gualberto Gómez, el llegaba en su viejo cacharro y me dejaba de propina cinco centavos que yo sabía que eran de su bolsillo, porque los otros me daban 20 centavos, pero esos eran unos ladrones y se lo robaban al Tesoro Nacional... ah y todos venían en autos nuevos, a ver quien tenía el más lujoso... Eso era así antes, la ostentación era el mejor atributo de aquellos vende patrias. Me disculpa que me están llamado para un juego de dominó ¿quiere echar un partido con nosotros? Usted se pone de pareja conmigo y verá como le ganamos a la otra...

CACHITA Y CHICHARRA
(ISABEL DE LA CARIDAD CRUZ MOYA)

Yo nací a dos cuadras del muelle de Tenerife, soy hija de padre canario, Manuel, y de madre cubana: Josefa de la Caridad. Mis hermanas se llaman Aurora y Olivia y mi hermano: Manuel.

A usted le dicen La Chicharra ¿Quién le puso este apodo y por qué?

De niña mi familia me llamó Cachita por el segundo nombre de mi madre y por la virgen de la Caridad, patrona de Cuba y también, la Chicharra, porque antes a los nacidos en Santa Cruz de Tenerife les decían chicharros. Mi padre vivió orgulloso de tener al menos una, de sus cuatro hijos, nacida en Canarias. Así que soy Cachita y Chicharra.

¿Por qué la condición Niña de la Guerra?

Mi madre y sus cuatro hijos llegaron repatriados a Cuba en 1938, el 15 de mayo. Los horrores de la guerra nos separaron para siempre de mi padre. Todos nosotros, madre y hermanos, habíamos sido reclamados por la familia cubana materna. Aquel momento de dejar la tierra donde habían crecido mis hermanos y yo nacido, pues fue en extremo duro, triste. Me monté en el barco con mi muñeco Marcelo y lo traje a Cuba, porque para mí significaba tener en Cuba algo entrañable de mi niñez en Canarias, pero sobre todo porque mi padre me lo había regalado. A mi padre no lo dejaron salir, con motivo de la Guerra Civil de España. Salimos llorando todos porque papá se había quedado y corría mucho peligro. En el puerto de La Habana, también desembarcamos llorando, fue muy doloroso dejar atrás a papá.

¿Qué edad tenían los hermanos y hermanas?

Yo era la más pequeña, con cinco años y medios, mis hermanas tenían respectivamente 16 y 18, y el hermano, 13. En Tenerife mi madre sufrió mucho porque como andaba la guerra, sabía que estaban reclutando a las muchachas para que fueran en-

fermeras y a los varones para el frente de batalla... Como todos, menos yo, habían nacido en Cuba pudieron escapar del reclutamiento. Así que gracias a la nacionalidad cubana, ellos pudieron salir de Tenerife. La separación de mi padre nos hizo cambiar mucho, siempre anduvimos muy angustiados, tristes, esperando con mucha ansiedad una carta suya y el día de reencuentro en La Habana... (Los ojos se le humedecen y cae en silencio).

Y ¿cuándo se reencontraron con el padre?

Nunca logró embarcar hacia Cuba. Allá se quedó sin un centavo de ahorro para la compra del pasaje... El pobre, trabajó sin descanso y de nada le valió, a penas el sueldo le alcanzaba para comer. Cuando la guerra terminó, pudo conseguir un trabajo en la carpintería del Asilo de Ancianos Desesperados de Tenerife, allí permaneció hasta su muerte a la edad de 82 años, el 12 de junio de 1972. Las monjas del asilo nos enviaron una carta al cabo de un año de su fallecimiento.

Recuerdo aquella vez que hubo un tiroteo en la calle y mi padre se hizo el muerto y vino arrastrándose para la casa durante 10 cuadras, pero si no lo hubiera hecho seguro que lo habrían fusilado. Figúrese Franco no tenía perdón de Dios.

Ya en La Habana ¿qué recordaba de Tenerife?

Mis abuelos paternos: Aurora y Felipe, eran muy cariñosos y nos hacían pelotas de gofio y unas rosquillas como para chuparse los dedos. Mi mamá y yo éramos muy delgadas y mi abuela nos daba vino con agua, decía que esa bebida nos abría el apetito. Ella tenía un bodegón y allí había mesitas y taburetes...

También recuerdo a mi padre trabajando en la tintorería La Americana con su familia de allá. La tintorería estaba en la sala de mi casa, en la calle Tigre No. 2, que ahora tiene otro nombre: Villalba Hervás. Pero la guerra terminó con toda aquella felicidad de hogar, nos separó y mi padre perdió la tintorería y se volvió un hombre muy pobre...

¿Dónde vivió con la madre a la llegada a Cuba?

Siempre he vivido en el mismo lugar, en el reparto Las Cañas, municipio del Cerro. Primero tuvimos por vivienda un cuarto, con mi abuelo que ya estaba retirado de los ferrocarriles.

En Tenerife habíamos tenido una casa grande y reducirnos a una sola habitación fue muy difícil para la adaptación. Siempre tuvimos acá mucha estrechez económica. Mi madre tuvo que lavar y planchar mucha ropa por encargo, también hizo sayuelas para unos polacos que por una docena le pagan solamente 30 centavos

¿Cuál ha sido su sueño más caro?

Volver algún día de visita a Tenerife, pero pasaron los años y la esperanza la perdí...Un día de noviembre de 2004 me anunciaron en la Sociedad que yo había sido invitada a visitar Tenerife, mediante el programa Los Viajes de Añoranza de los Chicharros Mensajeros... ¡Ay qué alegría! me fui al altar de mi virgen de la Candelaria y le encendí velas y le puse flores, ella nunca me ha abandonado y es la que hizo realidad mi sueño...

A Tenerife llegamos de noche al hotel y al día siguiente, lo primero que hice fue visitar la Basílica de la Candelaria, ese día yo cumplí 72 años, mire usted que cumpleaños más feliz pasé en la isla donde había nacido. Después fui al parque donde jugaba de niña con mi perro Rompe Calzones y me encontré allí una estatua de un Guanche con un perro, rompí a llorar, era mucha mi emoción. Recordé que el día que nos íbamos para el Muelle, dejamos a mi perro amarrado, pero él se soltó y como un loco corría y ladraba en el muelle, mientras el barco se alejaba con nosotros....

¿Se casó, tiene hijos?

Me enamoré, pero nunca me casé ni tengo hijos...aunque mis sobrinos que son ocho, los quiero como si fueran los propios hijos. Ellos son mi tesoro. Y si alguna vez caí en depresiones, soledades, añoranzas...eso ya es cosa del pasado porque en la Sociedad Canaria soy muy bien atendida y aquí la autoestima de cualquier canario siempre está por encima del nivel...

Participo de las actividades culturales, recreativas y no hay tiempo para sentirse sola e incluso he ampliado los conocimientos sobre las costumbres y tradiciones de Canarias. Integro desde hace cinco años el grupo Renacer que es como una gran familia. Le puedo decir que vivo feliz en Cuba, llevo tanta sangre canaria como cubana.

LA INCERTIDUMBRE DE JUAN GONZÁLEZ

Mis padres me trajeron escondido en la barriga del barco. Yo tenía tres años de edad y de ese momento tan angustioso me acuerdo como si fuera hoy, fue el 29 de septiembre de 1936. Me descubrieron llegando al puerto de Cabaigúan, y las autoridades le dicen a mi padre: tiene que regresar a Canarias. Pero mi padre tuvo que usar el soborno y soltar la poca plata que traía; así fue como todo quedó arreglado.

De Cabaigúan fuimos a parar a una finca en Quivicán que se llamaba Los Mangos, la que mi padre compró muy barato porque la tierra no era fértil. Por eso mi mamá se puso a sembrar tomates que para ese cultivo si era buena y se dio con mucha abundancia. Con el dinero de la cosecha de los tomates y la venta de esta finca, mi padre compró otra, pero en Alquízar.

Lo peor que recuerdo de mi niñez en Cuba fue que mis padres se separaron cuando yo cumplí 6 años de edad. Mi padre me llevó para su finca de Los Mangos y me puso a trabajar en el campo. Me montaba en un rastrillo para desbaratar mejor los terrones de tierra, los pinchos del rastrillo me cortaban la piel, sangraba y mi padre me decía: no llores que los machos no lloran. Pero un día la herida fue grande y en el pecho y él tuvo que llevarme al hospital donde me cosieron. Más nunca me volvió a montar en un rastrillo.

Parece que tuvo miedo o qué se yo, pues tiempo después me llevó a visitar a mi madre que vivía con mi abuela cubana, Juana, que tenía una casa en Alquízar. Mi madre me había comprado el pri-

mer juguete que tuve desde el nacimiento. Cuando llegó la hora de regresar a la finca, me resistí y me quedé a vivir para siempre con mi madre. A mi padre nunca más lo volví a ver.

Entonces mi madre me inscribió en Artemisa, como si nunca yo hubiera estado bautizado en Canarias, con el nombre de Juan Osorio González González. Pero la vida te juega trampas y sorpresas, resulta que cuando me voy a hacer el Carné de Identidad en la década de 1970, me piden la certificación de nacimiento que fui a buscar a Alquízar. Pero el Registro Civil de Artemisa se había incendiado y no quedó a salvo ni una certificación de nacimiento ni papel alguno. Se imagina mi desesperación ¡mi inscripción de nacimiento ya no existía! y de la memoria de mi madre que ya era una anciana ciega, pues también todos mis orígenes se habían borrado.

Soy canario por nacimiento e hijo de padre canario y sin embargo, ni siquiera puedo optar hoy por la ciudadanía española porque tampoco en Canarias nadie sabe dónde yo fui bautizado ni recuerdan a mi padre, y mis tíos deben haberse muerto porque nunca supimos de ellos…

Todo lo que más recuerdo de mi padre es de aquí: sembrando maíz, y por eso yo comí mucha harina y huevo frito cuando vivía con él. Como en la casa no había mujer, él cocinaba para los dos y hacía un dulce de harina con pasas, mantequilla y almendras que le quedaba muy rico, como para chuparse los dedos.

La casa era de tablas, el techo de guano y el piso de tierra, un auténtico bohío cubano. Recuerdo que el barbero nos pelaba a cambio de huevos, porque siempre hubo gallinas en el patio. Una vez, me dice mi padre: anda y págale al barbero con los huevos...yo no sabía cuántos había que darle y le di una cesta llena. Cuando el barbero se fue y mi padre vio el jabuco vacío, me entró a nalgadas y me dijo: para que aprendas a no ser bobo.

Mi madre conoció a mi padre en Artemisa, cuando ella tenía 13 años de edad y él 40. Ellos no se casaron, se juntaron. Él se la llevó para Canarias y allá dijo que era su hija nacida en Cuba. Con sus hermanos, mi padre en Tenerife tenía negocios de trigo y cosechaba uvas moradas.

Me acuerdo que a mí me daban a beber leche de las chivas que tenía mi padre allá. Mi madre me echaba gofio en la leche y también se lo echaba al caldo que le daba un sabor muy especial. En la casa de Tenerife había un molino para moler trigo, una parte del gofio era vendida y la otra, para la casa.

Cuando nos montamos en el barco para regresar a Cuba, mi madre venía embarazada de mi hermana Julia. También aquí nacieron otros hermanos, hijo de mi madre con un cubano. Mi madre murió a los 106 años en mi casa de la Habana Vieja, porque desde los 6 años de edad jamás yo volví a separarme de ella.

Cuando cumplí nueve años de edad, ya viviendo en Marianao, para ayudar a la economía de mi hogar me puse a vender billetes y a los 12, fui ayudante de albañil. Tuve un palomar y vendía palomas mensajeras, pero el dinero que ganaba no daba para mucho, sólo para resolver el pan de cada día.

Ya en 1942 pude trabajar en una fundición

particular de Buena Vista, fundiendo piezas de aluminio y en herrajes de ventanas. En Buena Vista también corté muchas hojas de álamos, y por cada matojo me daban 5 centavos lo gallegos para alimentar a sus chivas, y con esos centavos yo compraba un ticket para la matinée del domingo. Eran tiempos muy difíciles en Cuba y cualquier cosa que te ofrecían, había que agarrarla para no morirte de hambre.

El último empleo que tuve fue de soldador, primero en la Empresa de Láminas, que está por la carretera Central y el entronque del Diezmero. Poco antes de jubilarme en 1993, trabajé en el Taller de Soldadura en el reparto de la Lisa.

Desde el retiro, vengo todos los días a la Asociación Canaria donde paso buenos ratos con las actividades que nos brindan, converso con los paisanos, almuerzo y después, me voy a pasar la siesta a mi casa, porque vivo cerca. Mientras tanto seguiré batallando por encontrar algún día los pálpeles que en Cuba o en Tenerife digan que soy tan canario como cubano.

¿QUÉ ENCONTRARON EN CUBA MIGUELITO, ISABEL DE LA CARIDAD Y JUAN? ¿QUÉ DEJARON EN CANARIAS?

Con el paso del inexorable tiempo, los tres crecieron en Cuba con un corazón dividido entre islas. Cada quien tiene un corazón canario-cubano que late de añoranzas o entre llantos, angustias, alegrías y glorias, cuyos sentimientos son inherentes a quienes sufren, sobre todo, la separación de la familia y el país de origen y terminan como algunas aves migratorias haciendo nidos en otra tierra.

Cuba, la isla de las palmas reales que orgullosas intentan rozar sus verdes cabelleras contra el cielo, lastimada en su proverbial pobreza adoptó como hijos e hija a Isabel, Miguelito y Juan. Por eso, para estos canarios y miles de compatriotas suyos, Cuba es la otra patria, la que siempre tiende la mano solidaria y brinda el pan como a los propios, sin exigir otro pago que no sea de amor.

Mientras Canarias bañada por el Atlántico es la madre patria donde nacieron y nunca olvidarán. Siempre amarán a su tierra milenaria y brava; vestida de mitos e historias hermosas; de exquisitos vinos, y existiendo entre cien volcanes y la música de los pinos, que a veces es dolorosa y otras, sublime.

Hace muchos años, ellos partieron de las islas natales y fragmentaron con llanto el silencio del alba y la noche canarias, cuando el hambre y la desesperanza los empujaron cargados de añoranzas hacia la aventura de Cuba.

EL PASODOBLE *ISLAS CANARIAS*

El famoso Pasodoble *Islas Canarias* fue el himno no oficial de Las Afortunadas y con su interpretación se concluían todas las fiestas hasta el año 2003, pero con la implantación de una variación del Arrorró. Todavía en los actos populares de Canarias se oye como Himno y tal como lo escuchan los isleños en Cuba, especialmente cuando celebran una fiesta santoral o aniversario de las respectivas islas natales.

La composición musical de este pasodoble, 1935, es del catalán José María Tarridas, con letra del valenciano Juan Picotle. Posteriormente, la letra original sufrió variaciones cuando la interpretó el grupo folclórico Los Sabandeños, al propagar el pasodoble y devenirlo en himno popular de Islas Canarias, así como en cada país donde existen comunidades isleñas.

Islas Canarias (Letra original)

Son nuestras islas Canarias,
Que hacen despierto soñar.
Jardín ideal siempre en flor,
Son las mujeres las rosas,
Luz del cielo y del amor.

El corazón de los guanches,
El murmullo de la brisa.

Suspiran todos amantes
Por el amor de una isa.

Desde la cumbre bravía
Hasta el mar que nos abraza.
No hay tierra como la mía
Ni raza como mi raza.

Siete estrellas brillan en el mar:
Benahoare, Hero y Tamarán,
Tytherogakaet y Achinech,
Maxorata y Gomera también.

¡Ay, mis siete islas Canarias,
Con el pico Teide de guardián,
Son siete hermosos corazones,
Que palpitan al compás!
¡Mis siete islas Canarias!

A veces el pasodoble se interpreta con este final:

¡Ay Canarias como te siento!
Si es que me encuentro lejos de ti.
Cuando llegará el dulce momento
De besar la tierra en que nací.

LA MEMORIA GRÁFICA

Los isleños en las vegas del tabaco

La placa con el nombre de la Asociación *Leonor Pérez Cabrera*

El edificio sede de la Asociación Canaria de Cuba

Una de las agrupaciones que mantiene vivo el folclor se denomina Islas Canarias, integrada por jóvenes descendientes de isleños.

No. de inscripción 40699

RETRATO Y FIRMA DEL INTERESADO

Para ejercitar sus derechos reglamentarios, es requisito indispensable presentar este CARNET y el RECIBO social del mes en curso.

ASOCIACION CANARIA

HABANA

TITULO DE SOCIO

A favor del Sr. Juan [illegible] Moreno

natural de [illegible] de 37 años

inscripto en Octubre de 1929

Habana, 14 de abril de 1930

PRESIDENTE SECRETARIO-CONTADOR

Carné de socio de la Asociación Canaria de Cuba

Miguel y Pedro a diario visitan la Asociación para pasar un rato entretenido con el dominó.

Miguel Suárez, Paula Correa, Jorge Reyes y Domingo durante una partida de dominó.

Isabel de la Caridad de la Cruz Moya ostenta la condición Niña de la Guerra.

El canario fue por excelencia el más humilde de los inmigrantes. El no marchó a Cuba en plan de opresor o de explotador. Vino a trabajar y a luchar a nuestro lado, ayudó a forjar el país con su laboriosidad proverbial, sufrió con nosotros, combatió, creó una familia, y se dignificó también al fin, junto a todo el pueblo, en la patria libre y revolucionaria de hoy.

Es más, hizo un aporte muy valioso al carácter del cubano.

De los canarios heredó nuestro campesino, principalmente, su serenidad, su honradez, su sentido del honor, y también su rebeldía. Todavía hoy, en nuestras tareas actuales, esos valores nos ayudan a librar y a ganar batallas de importancia.

Siempre he creído –y más lo creo en la actualidad– que la hermandad entre Canarias y Cuba no sólo tiene un pasado grande sino también un gran futuro.

Fraternalmente,

Fidel Castro Ruz

P.D. Por parte de mi madre llevo con honor un porcentaje de sangre "isleña".

Palabras de Fidel Castro en el libro de Oro de la Asociación Canaria de Cuba *Leonor Pérez Cabrera.*

Isabel junto a las banderas de Cuba, España y Canarias.

Los socios celebran tres reuniones cada semana.

Juan Gutiérrez Pérez no ha encontrado a su familia en Canarias, de donde partió con los padres cuando tenía tres años de edad.

Ofelia Hilda Sánchez Raymundo.

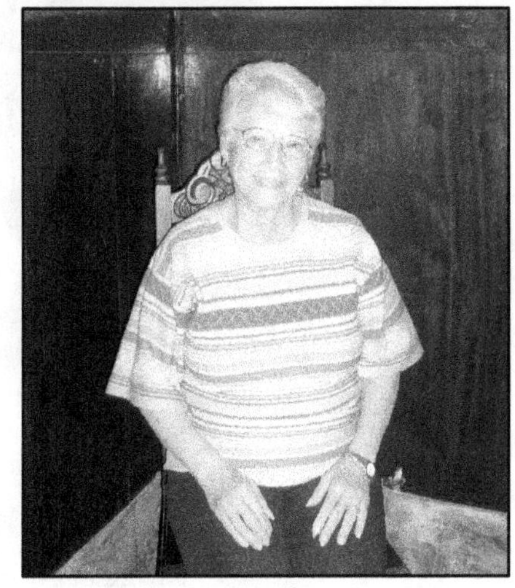

Antonia Hernández Hernández.

Julita del Carmen González Montes de Oca.

Placa en el hotel Inglaterra de La Habana, frente a la Acera del Louvre donde Nicolás Estévanez condenó el fusilamiento de los ocho estudiantes de medicina en 1871.

Dos mártires del Asalto al cuartel Moncada: Pedro Marrero y Miguel A. Oramas.

El bohío fue la típica vivienda del campesino canario pobre en Cuba, antes de 1959.

Los isleños fueron artífices del cultivo del tabaco.

Miguelito tiene una sorprendente y conmovedora historia.

En los cortes de la caña de azúcar trabajaron los canarios de sol a sol.

La Virgen de la Candelaria, pintada sobre lienzo por Lisbet Blanco Gutiérrez, profesora de la Escuela de Etnografía y Tradiciones Canarias de la Asociación *Leonor Pérez Cabrera*.

Grupo de los bailes y vestuarios del folclor de Canarias.

Dulce María Loynaz la excelsa poetisa de Cuba, hija adoptiva de Islas Canarias, autora de Un verano en Tenerife.

El Valbanera desapareció por causa del huracán que en 1919 asoló la capital cubana, donde viajaban más de cuatrocientos canarios que desembarcarían en La Habana.

Le contesta Bohemia

LA DESAPARICION DEL VALBANERA

Varios pasajeros desembarcaron en el puerto de Santiago de Cuba

ANGELA ORAMAS CAMERO

B18

El poeta Rafael Orta Amaro, mentor de los Juegos Florales.

La destacada artista de la plática y escritora Thelvia Marín

Alfredo Martín Fadragas incansable investigador sobre la huella canaria en Cuba.

Bibliografía

Álamo Hernández Néstor. *Para la historia de Guía de Gran Canaria, del Juzgado y de otros asuntos.* Ed. Canarias. Santa María de Guía, 1931.

Alonso, Coralia y Blanco Juan A. *Presencia Castellana en el Ejército Libertador Cubano 1895-1898.* Edición: Junta de Castilla y León, 1996.

Artiles, Joaquín y Quintana Marrero, Ignacio. *Historia de la literatura canaria.* Las Palmas de Gran Canaria, 1978.

Barcia, María del Carmen; García, Gloria y Torres-Cueva, Eduardo. *Historia de Cuba. La colonia. Evolución socioeconómica y formación nacional.* Editora Política, La Habana, 1994.

Bohemia. Revista cubana. Colección entre 1908-1960.

Boletín Isleño. Asociación Canaria Leonor Pérez Cabrera. Colección 2008-2009. Biblioteca Benito Pérez Galdós.

Brouwer, Leo. *La música, lo cubano y la innovación.* Editorial Letras Cubanas. La Habana, 1982.

CABRERA, JAVIER. *Islas La Isla. Una antología sentimental.* Estudio preliminar, selección y notas. Gobierno de Canaria. Consejería de Educación, Cultura y Deportes. Islas Canarias, 2003.

CANTÓN NAVARRO, JOSÉ. *Historia de Cuba. El desarrollo del yugo y la estrella.* Editorial SI-MAR S.A.Q. La Habana, Cuba, 1996.

CANTÓN NAVARRO, JOSÉ; ZANETTI LECUONA, OSCAR; ÁLVAREZ TABÍO LONGA, PEDRO; CHANG PON, FEDERICO; GARCÍA ÁLVAREZ, ALEJANDRO. *Historia de Cuba. La neocolonia. Organización y crisis.* Editora Política, La Habana, 1998.

CABRERA DÉNIZ, GREGORIO. *Canarios en Cuba, un capítulo de la historia del archipiélago.* Ed. Las Palmas de Gran Canaria, 1996.

CIORANESCU, ALEJANDRO. *Diccionario biográfico de canarios-americanos.* Santa Cruz de Tenerife, 1992.

CABRERA, JAVIER. Islas La Isla. Una antología sentimental. Poetas canarios emigrados a Cuba. Poetas cubanos de ascendencia canaria. Edición Gobierno de Canarias. 2003

CANO CASTRO, OLIVIA A. *Canarias en el espíritu de Cuba.* Edita. Grupo de Comunicación Galicia en el Mundo. S.L. C/ San Francisco, 57 5º- Vigo, España. 2008.

CARPENTIER, ALEJO. *La música en Cuba.* Editorial Pueblo y Educación. La Habana, 1988.

CEPERO RODRÍGUEZ, ADA Y FERNÁNDEZ CEPERO, JOSÉ E. *Antecedentes de la sociedad canaria en el municipio de Santo Domingo, provincia de Villa Clara.* Investigación no publicada. En, Biblioteca de la Casa Canaria de La Habana.

CUADRIELLO, JORGE DOMINGO. *Los españoles en las letras cubanas, siglo XX. Diccionario Bio-bibliográfico.* Editorial Renacimiento. Sevilla, 2002.

EGUREN, GUSTAVO. *La Fidelísima Habana.* Editorial. Letras Cubanas. La Habana, 1986.

ESTRADA RODRÍGUEZ, AZUCENA. *Historia de Santiago de las Vegas.* Ponencia de 1997 inédita, conservada por la autora de este libro.

FERNÁNDEZ CABRERA, MANUEL. *Mis Patrias y otros escritos.* Prólogo: Pablo Quintana, Introducción y Antología: Manuel de la Paz. Taller de Historia. Centro de la Cultura Popular Canaria, 1991

FUNDACIÓN FERNANDO ORTIZ. Presencia Canaria en Cuba. Mapa plegable Territorial. Ediciones GEO para la Fundación Fernando Ortiz. Edición 2005.

GARCÍA MEDINA, RAMIRO. *La emigración canaria en Cuba.* Editorial Globo. La Laguna, Legado social de los españoles en Cuba Tenerife, Islas Canarias, 1997.

GARCÍA DEL ROSARIO, CRISTÓBAL. *Historia de la Real Sociedad Económica de Amigos del País de Las Palmas.* Las Palmas de Gran Canaria, 1981.

GARCÍA PÉREZ, MARLENE. *Antología de décimas. Canarias-Cuba.* Centro de la Cultura Popular Canaria. Tenerife. Gran Canarias, 2000.

GONZÁLEZ SOSA, PEDRO. *Canónigo Gordillo, un genio de la discordia.* Ed. Las Palmas de Gran Canaria, 2001.

-------- *Guía de Gran Canaria, primero villa después ciudad.* Ed. Santa María de Guía, 1997.

GRAN ENCICLOPEDIA VIRTUAL DE LAS ISLAS CANARIAS (GVIC). www.gevic.net/http

GUANCHE, JESÚS. *Componentes Étnicos de la Nación Cubana.* Colección La Fuente Viva. La Habana, 1996.

--------.*España en la Savia de Cuba.* Edición: Fondo de Población del Instituto del Libro. Editora: Ciencias Sociales. 1997.

-------- *Significación canaria en el poblamiento Hispánico de Cuba.* Ediciones Imprecan S.L., Santa Cruz de Tenerife, 1992.

GUERRA LÓPEZ, DOLORES. *Participación de inmigrantes canarios en la sedición de los vegueros en el siglo XVIII. Ponencia presentada en 1995.* En, Biblioteca "Benito Pérez Galdós" en la Casa Canaria de La Habana.

---------*Legado Social de los españoles en Cuba.* Ed. Grupo de Comunicación Galicia en el Mundo, Vigo, Galicia, España. Colección Emigración, 2007.

GÓMEZ AVELLANEDA, GERTRUDIS. *Antología poética.* Ediciones Letras Cubanas, 1983.

GONZALO BARRIOS, RENÉ. *Alma sin Fronteras.* Ediciones Verde Olivo, Ciudad de La Habana, 1996.

GUERRA LÓPEZ, DOLORES. *El emigrante Canario. Sus aportes a la vida sociocultural de Jesús del Monte,* La Habana, 1994.

IZQUIERDO PÉREZ, ELISEO. *Periodistas canarios, siglos XVIII al XX.* Islas Canarias, 2005.

JIMÉNEZ DEL CAMPO, PALOMA. *Escritores canarios en Cuba, literatura de emigración.* Las Palmas de Gran Canaria, 2003.

LAPIQUE BERALI, ZOILA, *Música colonial cubana.* Publicaciones periódicas 1812-1902. Editorial Letras Cubanas. La Habana, 1979.

LE RIVEREND, JULIO *Breve Historia de Cuba.* Editorial de Ciencias Sociales, La Habana, 1999.

LIBRO DE ORO. Asociación Canaria de Cuba Leonor Pérez Cabrera (1992-2007). Editado por la Viceconsejería de Emigración y Cooperación del Gobierno de Canarias. Primera edición, 2007.

LEÓN ARGELIERS. *Del Canto y el Tiempo.* Editorial Letras Cubanas, La Habana, 1984.

LÓPEZ ISLAS, MARIO LUIS Y SEARE, ESTER LINDA. *El Valbanera "El Titanic de la emigración canaria".* Ediciones Benchomo, Santa Cruz de Tenerife, 2000.

LÓPEZ LEMUS, VIRGILIO. *Doscientos años de Poesía cubana.* Antología. Editora Abril, 1999.

LOYNAZ, DULCE MARÍA. *Un verano en Tenerife.* Editorial Letras Cubanas. La Habana, 1993.

MARRERO GONZÁLEZ, JUAN. *El periodismo en Cuba. Colonia, Neocolonia y Revolución.* Editorial Pablo de la Torriente Brau. La Habana, 2012. Publicados en el 2011 en el sitio Cubaperiodistas, de la UPEC.

MARTÍN FADRAGAS, ALFREDO. *Los canarios y las luchas emancipadoras y sociales en Cuba.* Ed., Grupo de Comunicación Galicia en el Mundo, S.L. C/ San Francisco, 57. 5º 36202 Vigo, España, 2008.

---------- *Comunidad canaria de Cuba.* Ediciones Extramuros, La Habana, 2004.

Naranjo Osorio, Consuelo. *Cuba vista por el emigrante español 1900-1959.* Consejo Superior de investigaciones científicas. Centro de Estudios Históricos. Departamento de Historia de América. Madrid, 1987.

Oller Oller, Jorge. "El soldado justiciero". En la Sección, Grandes momentos del fotorreportaje cubano. www. Cubaperiodistas. cu, 9 de abril de 2008.

------------ "Charles Lindbergh en La Habana", En la Sección, Grandes momentos del fotorreportaje cubano. www. Cubaperiodistas. cu, 16 septiembre de 2009.

Oramas Camero, Ángela. *Los gallegos de La Habana.* Editorial José Martí. La Habana, 2007.

Orovio, Helio. *Diccionario de la Música Cubana. Bibliográfico y Técnico.* Editorial Letras Cubanas. La Habana, 1981.

Orta Amaro, Rafael. *IX Juegos Florales. Complicación Poética.* Ediciones Cubano Canaria de Cuba Leonor Pérez Cabrera, 2011.

Orta Ruiz, Jesús. *Al son de la Historia.* Editorial Letras Cubanas. 1986.

Paz Sánchez, Manuel; Fernández Fernández, José; López Novegil, Nelson. *El Bandolerismo en Cuba (1800-1933). Presencia canaria y protesta rural.* (Tomo I). Taller de Historia. Centro de la Cultura Popular Canaria. 1993.

PÉREZ QUESADA ACOSTA, ANA MARÍA. *Artífices de la arquitectura del ochocientos en el Ayuntamiento de Santa María de Guía.* En, Boletín Millares Carló. Las Palmas de Gran Canaria, 1996.

PICHARDO MOYA, FELIPE. *Espejo de Paciencia.* Estudio crítico. Habana, 1941.

PORTUONDO FERNANDO Y PICHARDO HORTENCIA. *Complicación de escritos de Carlos Manuel de Céspedes.* Editorial de Ciencias Sociales, La Habana, 1974.

QUESADA MIRANDA, GONZALO. *Así fue Martí.* Editora Gente Nueva. La Habana, 1977.

RODRÍGUEZ PADRON, JORGE: *Primer ensayo para un diccionario de la literatura en Canarias.* Islas Canarias, 1992.

TORRE-CUEVA, EDUARDO Y LOYOLA VEGA, OSCAR. *Historia de Cuba 1492-1898. Formación y Liberación de la Nación.* Editorial Pueblo y Educación, 2001.

VALDÉS GARRAGA, RAMIRO. *José Martí, sus padres y las siete hermanas.* Editorial José Martí, 2002.

VERA, FELISA; SOSA, REMEDIOS; LEAL, ANA Y DÍAZ, YURENA. *Lo mejor de la Cocina Canaria. Antología de la cocina del Archipiélago Canario.* Editado por el Centro de la cultura popular de Canaria. Tenerife. Edición 7, 2004.

VIÑEZ, HORTENSIA. *La Bella Durmiente de Cuba.* Editado por Grupo Liberal del Parlamento Europeo, 2001, en colaboración con la Fundación Canario Alemana Alexander von Humboldt.

Sito Web

Wikipedia/ Aborígenes Canarios. http: // es. wipedia.org/ wiki /aborígenes_canarios

Wikipedia/ Historia de Canarias. Redescubrimiento y Conquista. http://es.wikipedia.org/ wiki/ historia_de_ canarias.

Editorial Letra Viva©
2013

251 Valencia Avenue, #253
Coral Gables, FL 33114

www.ingramcontent.com/pod-product-compliance
Lightning Source LLC
Chambersburg PA
CBHW050111280326
41933CB00010B/1058

* 9 7 8 0 9 7 6 2 0 7 0 5 4 *